베이컨의 새로운 아틀란티스

베이컨의
새로운
아틀란티스

유토피아는 어떻게 만들어지는가

프랜시스 베이컨 지음
서유진 옮김

베이컨의

새로운

아틀란티스

1쇄 발행 2024년 7월 19일

지은이 프랜시스 베이컨
옮긴이 서유진
펴낸이 조일동
펴낸곳 드레북스

출판등록 제2023-000148호
주소 경기도 파주시 탄현면 헤이리마을길 93-144, 2층 1호
전화 031-944-0554
팩스 031-944-0552
이메일 drebooks@naver.com

ISBN 979-11-93946-09-1 03300

들 어 가 는 글

'새로운 아틀란티스'와 유토피아

흔히 이상향을 말할 때 '유토피아'를 인용한다. 유토피아(utopia)는 토머스 모어의 동명 소설 《유토피아》에서 처음 등장한 용어로, 그리스어 접두어 'ou'(없는) 혹은 'eu'(좋은)와 'topos'(장소)라는 명사를 결합해 '존재하지 않는 곳'이지만 인간이 생각할 수 있는 최선의 상태를 갖춘 완전한 사회를 말한다.

토머스 모어의 《유토피아》(1516), 캄파넬라의 《태양의 나라》(1602)와 함께 프랜시스 베이컨의 《새로운 아틀란티스》(1626)는 근세 초엽의 3대 유토피아 소설로 꼽는다. 이들 작품은 유토피아라는 이상향을 소재로 중세 봉건적 경제 질서를 산업 시대로 바꾼 중요한 저작이다.

이 중 인간답게 살아갈 수 있는 터전을 토대로 금욕적인 면을 강조한 토머스 모어와 캄파넬라의 유토피아는 욕망을 적절하게 통제함으로써 헛된 망상에서 벗어나 마음의 평화를 누리는 곳이다. 프랜시스 베이컨은 앞선 유토피아 사상의 맥을 이었지만, 사회조직에 중점을 둔 두 작품과 달리 이 작품에서는 과학적 기술에 중점을 두고, 새로운 과학기술의 발전으로 인간 생활의 큰 번영과 복지가 이루어질 수 있다고 보았다. 실존하다가 바닷속에 가라앉았다는 섬나라 '아틀란티스'에서 힌트를 얻어 설계한 그의 유토피아는 과학기술의 발전으로 물질적 풍요가 넘치는 곳이다. 이는 주어진 자연환경을 인간의 이성과 지혜, 즉 과학적 지식으로 극복할 수 있으며, 과학기술의 발전이 인간 생활의 번영과 복지를 보장해줄 수 있다는 그의 믿음에서 기초한다.

프랜시스 베이컨은 과학을 통해 세상을 개선할 수 있다고 희망했다. 이성과 과학을 통해 인간에게 유용한 사회를 만들 수 있다고 생각한 그는 자연을 알수록 우리는 자연을 유용하게 이용할 수 있고, 자연에 대한 지식이 힘이 될 수 있다고 보았다. "아는 것이 힘이다"라는 유명한 말도 이와 일맥상통한다.

베이컨은 물질적 풍요로 가득한 세상으로, 욕구를 억제하는 사회가 아니라 욕망을 충족하는 사회를 꿈꾸었다. 중세라는 암흑의 시대를 지나고 르네상스를 맞아 새로운 이상 국가의 모습을 보여주는 《새로운 아틀란티스》는 인간의 지식과 힘에 대한 확신, 기술과 과학 문명에 대한 무한한 신뢰, 진보에 대한 희망으로 가득 차 있다.

과학의 힘으로 만나는 유토피아

베이컨은 이 작품에서 인간의 자연스러운 욕망을 억제할 것이 아니라 충분히 충족시키는 길을 찾자고 말한다. 그것을 가능하게 하는 것이 과학의 힘이다. 이런 의도는 이 작품의 줄거리에서 금방 알 수 있다.

페루에서 중국을 향해 항해하던 배는 폭풍우를 만나 표류하다가 섬나라에 이른다. 벤살렘 왕국이라 불리는 그곳은 천혜의 자원과 풍부한 물자, 일하지 않고도 배불리 먹을 수 있는 세상으로, 신의 은총으로 선택받은 사람들이 과학기술을 기반으로 세상의 진리를 밝히는 작업에 매진한다.

지도에 존재하지 않고, 다른 어느 나라도 이곳을 알지 못하는 이 왕국을 통치하는 최고 기구는 솔로몬 전당이라는 학술기관이다. 주인공인 나는 솔로몬 전당 회원인 현자의 도움을 받아 이 왕국에서 진행 중인 연구 분야들을 듣는다. 그곳에서 만든 음료수를 마시면 건강이 증진되고 생명이 연장되고, 눈과 우박, 비를 인공적으로 내리게 할 수 있으며, 한 번 먹으면 오랫동안 먹지 않아도 살 수 있는 고기나 빵도 개발했다. 모든 종류의 빛과 색채를 실험하고 설명할 수 있는 연구실도 있으며, 미세한 물체를 잘 볼 수 있는 현미경을 이용해 세포도 정밀하게 관찰한다. 이를 비롯해 거의 모든 과학 및 공학 분야를 아우르며, 그 결과물 덕분에 이 섬 주민들은 물질적으로 풍요로운 삶을 영위한다.

베이컨은 12살 때 아리스토텔레스의 전통이 강했던 케임브리지 트리니티 칼리지에 입학해 공부했는데, '비생산적인 아리스토텔레스주의 철학에 깊은 실망감을 느꼈다. 아리스토텔레스의 철학이 '인간의 실생활에 전혀 도움이 되지 않는다'고 생각한 베이컨의 사상은 《신기관》에서 극명하게 드러난다. 《신기관》(1620년)에서 그는 아리스토텔레스식 관념성에서 벗어나 사실에 기초한 실증 학문으로 나아가야 새로운 인류 문명을 열 수 있다고 강조했다.

과학적 개혁으로 유익한 발명과 발견을 끌어내고, 이를 통해 인류 복지를 비약적으로 향상하려 한 그의 의지는 《신기관》을 세상에 놓은 6년 뒤 발표한 《새로운 아틀란티스》로 이어진다. 다만 유감스럽게도 《새로운 아틀란티스》는 완성에 이르지 못해 미완에 머물렀다.

비록 미완성의 상태로 출간된 작품이지만 과학 발전을 통한 벤살렘 왕국과 같은 이상향의 모습을 보여주고자 한 저자의 의도는 분명하게 드러난다.

우리가 마주해야 할 유토피아

프랜시스 베이컨은 과학을 통해 세상을 개선할 수 있다는 희망을 강력하게 품었다. 그는 이성과 과학을 통해 인간에게 유용한 사회를 만들 수 있다고 생각한 그는 자연을 알수록 우리는 자연을 유용하게 이용할 수 있고, 결국 자연에 대한 지식이 힘이 될 수 있다고 보았다. 그래서 이런 유명한 말을 남겼다.

"아는 것이 힘이다."

인공지능 기술이 날로 발전하는 지금, 그에 따른 낙관적인 상상과 함께 인공지능이 지배할 세상에 대한 우려도 적지 않다. 인공지능이 열어

줄 미래가 인류의 유토피아가 될지 인류를 멸망으로 이끄는 디스토피아가 될지 의견이 분분하다.

하지만 한 가지 중요한 사실은 잊지 말아야 한다. 인공지능은 이미 우리 시대 과학기술의 중요한 화두이자 결코 무시할 수 없는 변화이며 이미 시작된 미래로, 억지로 외면하거나 막을 수 없다. 모든 기술의 진보는 기대와 우려를 함께 하기 마련이며, 그것을 어떻게 받아들이고 어떻게 활용하느냐에 따라 유토피아가 될 수 있고 디스토피아가 될 수도 있다. 《새로운 아틀란티스》에 소개된 수많은 과학기술과 그에 따른 풍요를 꿈꾸는 것 역시 우리가 그것을 어떻게 받아들이느냐에 달려 있다.

《새로운 아틀란티스》를 쓴 베이컨이 꿈꾸는 진정한 미래사회는 과학기술 이전에 과학기술에 대한 올바른 인식과 태도에서 시작할 것이다. '사물의 진정한 본질을 발견'하고, 그 가치를 더욱 밝게 드러내면서 인류의 삶을 더욱 값지고 풍요롭게 하는 것, 이것이 과학기술이 나아갈 길이며, 우리가 과학기술을 낙관과 우려 사이에서 균형을 잡는 길일 것이다. 이를 통해 '새로운 아틀란티스'가 우리 곁에 다가올 것이다.

CONTENTS

유토피아는 어떻게 만들어지는가

바 다
한 가 운 데 에 서

우리는 1년 동안 페루에서 남태평양을 거쳐 중국과 일본 쪽으로 항해했다. 우리에게는 1년분의 식량이 있었으며, 동쪽에서 불어오는 부드러운 바람 덕분에 다섯 달 동안 순조롭게 항해할 수 있었다. 그러나 역풍이 불어와서 여러 날 움직이지 못했고, 멀리 이동할 수 없었으며, 때로는 우리가 왔던 방향으로 밀려나기도 했다. 다시 남쪽에서 불어온 거센 바람은 우리의 뱃머리를 동쪽으로 향하게 하고는 북쪽으로 밀어 올렸다. 그 무렵 식량은 충분히 비축했음에도 불구하고 모두 떨어졌다. 나중에는 미지의 바다 한가운데에서 길을 잃었고 식량도 없이 죽음을 기다렸다. 하지만 우리는 하나님께 온 마음을 다하고 목소리를 높여 자비를 빌었다.

"하나님은 깊은 곳에서 경이로움을 보여주셨습니다. 처음에 땅을 바다에서 분리하셨듯이 이제 그 땅을 우리에게 보여주셔서 우리가 살 수 있도록 기회를 주옵소서."

다음날 저녁 무렵 우리는 북쪽으로 짙은 구름처럼 보이는 작은 무언가를 보았다. 당시 남태평양은 완전히 알려지지 않았고 따라서 어쩌면 그것이 미지의 섬이나 대륙일지도 모른다는 희망을 품었다. 우리는 밤새 육지일지도 모른다고 추정되는 그 '구름'처럼 보이는 것의 방향으로 진로를 잡았고, 다음날 해가 떴을 때 우리는 그것이 육지라는 것을 분명하게 알 수 있었다. 그 육지는 나무와 관목으로 가득 차 있어서인지 더욱 어둡게 보였다. 1시간 반 동안의 항해 끝에 우리는 그 땅에 도착했다. 그곳은 꽤 괜찮은 도시의 항구였다. 바다에서 보았을 때 그 도시는 아주 완벽하지는 않았지만 잘 구축되어 있었으며 꽤 쾌적해 보였다.

우리는 바다를 벗어나 육지에 도착하기만을 기다렸고 해안 가까이 다가가 배를 정박할 수 있는지 물었다. 그러나 곧이어 우리에게 배가 정박해서는 곤란하다는 듯 곤봉을 들고나온 많은 사람을 보았다. 하지만 그들에게 어떤 사나운 기색도 찾아볼 수 없었으며 딱히 고함도 치지 않았다. 단지 곤봉은 우리에게 물러날 것을 경고하기 위해 들고 온 듯 보였다. 그래서 우리는 그다지 불안해하지 않았고 어떻게 행동해야 할지 고민하던 참이었다. 그러는 동안 그들은 우리에게 여덟 명 남짓이 탄 작은 배 한 척을 보냈는데, 그들 중 한 명은 지팡이를 쥐고 있었다. 지팡이는 노란색이었으며 파란색으로 끝이 마감되어 있었다. 그는 조금의 경계도 없이 우리의 배에 올라 탔다.

우리 중 한 사람이 자신을 소개하자 그는 양피지로 만든 작은 두루마리를 꺼내 우리 대표에게 건네주었다. 그것은 우리가 보편적으로 사용하는 양피지보다 약간 더 노랗고 빛나지만 부드럽고도 쉽게 접히는 재질이었다.

이 두루마리에는 고대 히브리어, 고대 그리스어, 라틴어, 스페인어로 문구가 적혀 있었다.

그 누구도 정박하기가 어렵소. 시간을 더 주지 않는 한 16일 이내로 이 해안을 떠나주시오. 다만 깨끗한 물, 병자를 위한 물품, 배 수리품 등 필요한 것을 적어 주면 제공하겠소.

두루마리에는 천사 날개 모양의 도장이 찍혀 있었다. 날개는 딱히 펼쳐지지 않은 채 아래로 늘어져 있었으며 십자가가 그려져 있었다. 그는 두루마리를 내주고는 우리의 답변을 본인들에게 전달할 하인 한 명만 두고 떠났다.

우리는 매우 혼란스러운 상태로 의논하기 시작했다. 상륙이 어렵다는 말과 짧은 시일 안에 떠나라는 성급한 경고가 몹시 당황스러웠으나 한편으로는 그들이 다양한 언어로 배려해 주었으며 나름대로 인간미로 가득 차 있다는 사실을 알게 되어 조금이나마 위안이 되었다. 무엇보다 두루마리에 찍힌 십자가 표시가 우리를 기쁘게 했으며 이는 좋은 징조로 볼 수 있었다.

우리는 스페인어로 답변했다.

다행히 우리 배에는 문제가 없습니다. 거친 바람도 없었고 잔잔한 바람으로 항해했기 때문이죠. 다만 우리 선원들 다수가 몹시 아픕니다. 상륙이 어렵다면 많은 사람의 생명이 위험합니다.

우리는 거래할 만한 몇 가지 물품이 있었다. 그들이 거래를 원한다면 우리는 기꺼이 돈을 받지 않고 내줄 의향이 있다고 덧붙였다. 우리는 말을 전하러 온 하인에게 건네 작은 권총 몇 자루와 진홍색 벨벳 한 벌을 장교에게 주려고 했다. 하지만 하인은 그것을 받지도 않았으며 보려고도 하지 않았다. 그러고는 작은 배를 타고 돌아갔다.

하인이 우리의 답을 가지고 떠난 지 약 3시간이 지났을 때, 사회적 지위가 꽤 높아 보이는 사람이 우리에게 다가왔다. 그는 소매가 넓은 가운을 걸쳤으며, 우리 것보다 훨씬 더 광택이 나는 푸른색의 모직물 가운을 입고 있었다. 하의는 초록색이었다. 그는 섬세하게 만들어진 터번을 썼는데, 그것은 터키의 것만큼 크지 않았으며, 머리카락은 모자의 가장자리 아래로 흘러 내려와 있었다. 그는 거룩하고 경건했다. 타고 온 배의 일부는 황금으로 덮여 있었다.

배에는 네 사람이 더 타고 있었고, 그 뒤를 따라오던 배에는 20명이 있었다. 그들과 우리 배가 화살 사정권에 들어올 만큼 가까워졌을 때, 그들은 우리에게 중간에서 만나자는 신호를 보냈다. 우리는 즉시 배 옆에 보트를 띄우곤 우리 중 책임자가 될 사람 한 명과 그를 따를 네 명의 선원을 보냈다. 우리가 그들의 보트에서 6미터 이내로 다가갔을 때, 그들은 우리에게 더는 가까이 접근하지 말고 그대로 있으라고 말했고 우리는 그 지시에 따랐다. 다른 사람들에게 둘러싸여 있던 남자가 일어나서는 큰 목소리로 스페인어로 물었다.

"여러분은 모두 기독인입니까?"

우리는 대답했다.

"그렇소."

이전에 받은 두루마리에 십자가 표시가 있었기 때문에 두려움이 덜어졌다. 우리의 대답에 그는 오른손을 하늘로 들어 올리고는 다시 입으로 가져가더니 이렇게 말했다.

"만약 여러분이 해적이 아니며 40일 동안 합법적이든 불법적이든 피를 흘리지 않았다는 것을 신의 이름을 걸고 맹세할 수 있다면 우리의 육지에 정박할 수 있소."

우리는 그에 답변했다.

"우리는 그 맹세를 받아들일 준비가 되어 있소."

그러자 그의 동행 가운데 문서 작성자로 보이는 한 명이 기록하기 시작했다. 맹세를 기록하고 나자 배에 있던 한 우두머리의 또 다른 수행원 한 명이 큰 소리로 외쳤다.

"주인님은 자신이 당신의 선박에 오르지 않은 것은 자만심이나 위엄 때문이 아니라고 말씀하십니다. 여러분 중 여러 명이 병에 걸렸다고 밝히셨기 때문입니다. 도시의 보건 담당자로부터 거리를 유지해야 한다는 조언을 받았으니 이를 알아주시길 바랍니다."

우리는 그에게 절을 하며 대답했다.

"우리는 그분의 겸손한 종이며, 우리에게 큰 영광과 특별한 인간애를 베풀어주셔서 감사합니다. 우리 병사들의 병이 전염되지 않기를 바랍니다."

얼마 지나지 않아 공증인이 우리 배에 올라탔다. 그의 손에는 황갈색과 주홍색 사이의 빛을 띠는 현지 과일이 쥐어져 있었다. 그 과일은 무척 달콤한 향이 났다. 그는 그 과일을 감염 예방을 위한 목적으로 들고 있었다. 그는 우리에게 '주 그리스도의 이름으로' 맹세했다. 그는 우리가 다음날 아침 6시쯤 '이방인의 집'이라고 불리는 곳으로 보내져, 건강한 이들

과 병든 이들을 위한 숙박 및 필요한 물품을 받을 것이라고
말했다. 그가 떠날 때 우리는 작은 권총 몇 자루를 주려고 했
으나 그는 미소를 지으며 말했다.

"사람은 한 번의 행위로 두 번 돈을 받아서는 안 됩니다."

그는 국가로부터 충분한 급여를 받는 것 같았다. 그들은 특
정 행위에 보상받는 장교를 '두 배로 보상을 지불받는 장교'
로 비난한다는 사실을 나중에야 알게 되었다.

다음날 아침 일찍 처음 지팡이를 짚고 우리에게 왔던 장교
가 우리를 이방인의 집으로 안내하러 왔다고 말했다. 그는 우
리가 온종일 일을 해야 할지도 모르기 때문에 시간을 앞당겼
다고 했다. 그가 말했다.

"일단 여러분이 내 충고를 따르려거든 몇 사람은 나와 먼저
함께 가서 그곳을 봅시다. 어떻게 하면 더 편리하게 관리할
수 있는지 확인하고 나서 병든 사람과 나머지 사람들을 데려
옵시다."

우리는 그에게 감사하며 말했다.

"이방인들에게 배려를 베풀어주셔서 감사합니다. 신께서

보답하실 것입니다."

　그러고 나서 우리 중 여섯 명이 그를 따라 육지에 갔다. 섬에 도착했을 때 그는 우리를 돌아보고는 말했다

　"저는 단지 여러분의 하인이자 안내자일 뿐입니다."

벤 살 렘 왕 국

우리는 꽤 괜찮아 보이는 거리 세 곳을 안내받으며 걸었다. 우리가 가는 동안 몇 사람이 양쪽에 일렬로 서 있었다. 그들은 우리에게 놀라움이 아니라 환영을 표하러 온 것처럼 무척 예의 있었다. 그들 중 일부는 우리가 지나갈 때 팔을 약간 벌리며 누군가를 환영하는 몸짓을 취했다.

우리가 본 이방인의 집은 우리가 사용하는 벽돌보다 약간 더 푸른색이 돌았다. 꽤 넓고 컸을 뿐만 아니라, 아름다운 창문 중 일부는 유리로, 어떤 종류의 기름으로 칠한 고급 직물로 이루어져 있었다. 그는 우리를 계단 위에 있는 멋진 응접실로 안내하고서 물었다.

"당신들은 모두 몇 명이고, 아픈 사람은 몇 명이지요?"

우리는 이렇게 대답했다.

"우리는 모두 51명이고 그중 아픈 사람은 17명입니다."

그는 우리에게 응접실에서 조금만 기다려달라고 양해를 구하고는 1시간쯤 뒤에 돌아왔다. 돌아와서는 우리가 머물 방으로 안내했다. 방은 총 19개였고 그중에서도 다른 방보다 좋은 방은 4개였다. 우리 일행 중 중요한 4명을 위한 방으로 그들은 혼자 묵게 하고 다른 15개의 방에는 우리를 2인 1조로 나누어 쓰게 했다. 방은 꽤 멋지고 밝은 느낌이었고 가구는 제자리에 잘 배치되어 있었다.

그런 다음 그는 우리를 기숙사처럼 긴 건물로 안내했다. 건물 안에서 한쪽에 삼나무 칸막이가 있는 깔끔한 구역을 보여주었다. 구역은 모두 삼나무의 칸막이로 나뉘어 있었다. 이렇게 나뉜 구역은 모두 40개로 우리에게 필요한 것보다 훨씬 많았으며, 아픈 사람들을 위한 의무실도 설치되었다. 그는 병든 사람 중 누구라도 나으면 의무실에서 다시 방으로 옮겨질 수 있다고 말했다. 그리고 우리에게 이미 언급한 방들 외에 여분의 방 10개가 더 마련되어 있다고 알려주었다. 그는 우리를 다시 응접실로 데리고 와서, 그들이 어떤 명령을 내릴 때 하듯이 지팡이를 약간 들어 올리면서 우리에게 말했다.

"우리의 관습에 따르면 여러분은 배에서 여러분을 이방인의 집으로 옮기는 데 주어진 오늘과 내일 이후 사흘 동안은 실내에 머물러 있어야 한다는 것을 명심해주십시오. 그 때문에 너무 걱정하지 않길 바랍니다. 갇혀 있다고 생각하지 말고 일종의 휴식을 위한 시간으로 여기면 좋을 것 같습니다. 아무 부족함 없이 대접하겠습니다. 혹시라도 여러분이 외부 업무를 할 때 필요할지도 모르니 수행원을 따로 배정해두겠습니다. 부디 도움이 되었으면 좋겠군요."

우리는 그에게 모든 애정과 존경심을 담아 감사를 표했다.

"이 땅에는 분명히 하나님이 계십니다."

우리는 그에게 스무 자루의 작은 권총을 주려고 했으나 그는 미소를 지으며 이렇게 말할 뿐이었다.

"두 배로 보상받는 사람이 될 수는 없습니다."

그가 떠나고 머지않아 저녁 식사가 나왔다. 빵과 고기는 내가 유럽에서 먹어본 그 어떤 음식보다 맛있고 훌륭했다. 나온 음료는 총 세 가지로, 모두 건강에 좋고 맛도 있었다. 포도주와, 맥주보다 조금 더 맑은 음료, 그리고 과실주 모두 훌륭하고 마실 때마다 상쾌한 기분이 들었다. 게다가 병자들에게 진홍빛 오렌지를 가져와 주었는데, 그 과일은 바다에서 얻은 모든 질병을 해결하는 만병통치약이라고 말했다. 매일 밤 잠자기 전에 한 알씩 병자들에게 먹이라면서 작은 회색과 흰색 알

약 한 상자를 주었는데, 그러면 병의 회복이 더 빨라질 것이라고도 했다.

다음날 배에서 물건과 사람들을 옮기고 모든 것이 해결되고 조용해지자 나는 모두를 불러 모으는 것이 좋겠다고 생각했고, 일행이 모이자 그들에게 말했다.

"친애하는 동료 여러분, 우리가 처한 상황이 어떻게 돌아가는지 파악해봅시다. 우리는 고래 뱃속에서 벗어난 요나처럼 깊은 바다에 갇혀 있었지만 이제 육지에 나왔습니다. 구세계와 신세계를 넘어 죽음과 생명 사이에 있으니, 다시 유럽에 발을 디딜 수 있을지는 오직 하나님의 뜻에 달려 있습니다. 우리를 이곳으로 이끈 것은 기적이었습니다. 앞으로 우리가 여기를 떠날 때도 더하면 더했지 덜하지 않은 기적이 필요할 것입니다. 그러므로 우리는 이 땅으로 인도된 것과 현재 그리고 앞으로 직면할지 모를 위험에 대해서는 하나님만을 바라보고 각자 자신의 길을 개혁하고 바꿔야 합니다. 더구나 우리는 경건함과 인간애로 가득 찬 그리스도인들 사이에 왔습니다. 그들 앞에서 우리의 죄악이나 부적절함을 드러내어 자신의 체면을 잃거나 그들이 우리가 그리스도인이 아니라고 생각하게 해서는 안 됩니다. 그리고 더 명심해야 할 점이 있습니다. 그들은 우리를 사흘간 집 안에 머물러야 한다고 명령했습니다. 그동안 우리의 풍습이나 행태를 살피기 위해서인지 아닌지 누가 알겠습니까? 그들이 우리의 언행이 좋지 않다고 판단한다면 즉시 우리를 추방하고, 좋다고 판단한다면 더 많은 시간을 우리에게 줄 것입니다. 그들이 우리를 돌보려고 파견한 사람들 역시 우리를 주시하고 감시할지도 모릅니다. 그러므로 하나님의 사랑을 위하여, 그리고 우리 영혼과 육신의 치유를 사랑하듯이 우리가 하나님과 평화롭게 지내도록 해야하며, 사람들이 우리에게 은혜와 축복을 줄 수 있도록 그렇게 행동합시다."

모두 한목소리로 나의 훈계에 감사의 말을 전했다. 그들은 앞으로 절제되고 예의 바르게 행동해서 이 땅의 사람들을 불쾌하게 할지도 모르는 행동을 조금도 하지 않겠다고 약속했다. 우리는 사흘의 기한이 지나면 어떤 일이 일어날지 기대하며 즐겁고 자유롭게 시간을 보냈으며, 병자들이 신성한 치유의 웅덩이에 던져진 것처럼 병이 빠르게 치유되는 기쁨을 매 시간 누렸다.

사흘이 지나고, 전에 보지 못한 새로운 사람이 우리를 방문했다. 그는 전에 왔던 사람과 마찬가지로 푸른색 옷을 입었지만, 작은 붉은색 십자가가 달린 흰색 터번을 쓰고 있었다. 그는 또한 고급 아마포로 만든 어깨걸이를 두르고 있었다. 그는 들어올 때 우리에게 살짝 경례하며 양팔을 벌렸다. 우리 일행은 그에게 매우 겸손하고 복종적인 태도로 인사했다. 그에게서 생사의 선고를 받아야 할 것만 같았기 때문이다.

그는 우리 중 몇 명과 이야기하려 했고, 그래서 우리 중 여섯 명만 남고 나머지는 방을 떠났다. 그가 입을 열었다.

"저는 이방인의 집의 관장이며, 형제애와, 여러분의 영혼과 육신의 안녕이야말로 제 보람입니다."

그가 우리를 떠날 때 눈에는 따뜻한 눈물이 고여 있었고, 우리는 그들의 환대에 혼란스러워하며 서로에게 말했다.

"우리는 어쩌면 천사의 땅에 왔는지도 모르겠다. 사람들에게 생각지도 못한 위로와 친절을 보여주는 그런 천사들의 나라에 온 것 같다."

다음날 오전 10시쯤 되었을까. 관장이 우리를 다시 찾아와서 친숙하게 인사했다.

"여러분을 방문하러 왔습니다."

그는 의자를 부탁하고는 자리에 앉았다. 우리 중 10명 정도가 그와 함께 자리에 함께했다. 말할 준비를 마친 그가 입을 열었다.

"여기는 벤살렘 왕국입니다."

그들은 자신들의 섬을 이렇게 불렀다.

"우리의 위치가 꽤 고립되어 있으며 섬에 대한 비밀 유지 법률로 여행자들과는 드물게 교류합니다. 낯선 이들을 거의 받아들이지 않는 관습 덕분에 세상에 우리 섬은 잘 알려지지 않았습니다. 따라서 제가 질문을 드리는 것보다 우리를 잘 모르는 여러분이 질문하는 편이 유익할 것 같습니다."

우리는 우선 질문을 허락해주신 것에 겸손하게 감사의 인사를 올렸으며, 우리가 이미 경험한 바와 같이 이 행복한 섬보다 더 알려질 만한 가치가 있는 곳은 지구상에 없다고 생각한다고 말했다. 그러나 무엇보다 중요한 것은 우리 모두 세계 각국에서 만났으며 우리 모두 기독교인이므로 언젠간 천국에서 다시 만날 것을 확신하고 있다고 말했다. 이 섬이 우리 구세주께서 거닐던 땅 위로부터 매우 멀고 광대한 바다로 나뉘어 있어서 이 나라의 사도는 누구이며 어떻게 기독교로 개종했는지 알고 싶다고 물었다.

그는 우리의 질문에 크게 만족한 듯 보였다.

"여러분이 이 질문을 먼저 해준 덕분에 제 마음이 여러분과 연결된 것 같습니다. 여러분이 먼저 천국을 구하고 있다는 것을 보여주는군요. 우리는 기꺼이 여러분의 요구를 조금이나마 만족할 수 있도록 최대한 들어드리고자 합니다."

말씀대로 이루어진
땅

"우리 구세주가 승천하신 지 약 20일이 지나고 섬의 동쪽 해안에 있는 도시 렌푸사의 사람들이 흐리고 고요한 밤에 바다에서 약 2킬로미터 가까이 떨어진 곳에서 큰 빛의 기둥을 보았습니다. 그 기둥은 날카롭지 않은 원통 모양이었으며 바다에서 하늘로 높이 솟아 있었습니다. 기둥 위에는 빛으로 이루어진 찬란한 십자가가 눈부시게 빛났지요. 이 기이한 광경을 본 사람들이 재빨리 해변에 모여 그것을 보고 경탄했고, 작은 배 몇 척을 띄워 이 놀라운 현상에 더 가까이 다가가려 했습니다. 배들이 빛기둥에서 약 60미터 떨어진 곳에 다다랐을 때, 배들은 모두 꼼짝 못 하게 되어 더는 가까이 다가갈 수 없었습니다. 물론 움직일 수는 있었지만 기둥에 더 가까이 갈 수는 없었습니다. 사람들은 극장에 온 것처럼 서서는 이 빛을 하늘의 계시라고 믿었습니다. 한 배에는 왕국의 '솔로몬 전당'의 현자 중 한 분이 이 기둥과 십자가를 주의 깊고 경건히 바라보고 묵상하다가 깊이 절하고 무릎을 꿇고 하늘을 향하여 손을 들어 이렇게 기도했습니다.

'하늘과 땅의 하나님, 당신은 이 땅의 우리에게 은총을 베풀어주셨으니, 창조하신 일과 그 비밀을 알게 하시고 신성한 기적과 자연의 일, 예술작품, 온갖 종류의 사기와 환상을 분별하게 하셨나이다. 저는 이 시간과 장소에 우리 눈앞에 보이는 것이 주의 손가락이며 진정한 기적임을 인정하고 공언합니다. 우리가 책에서 배운 바에 따르면 하나님은 신성하거나 훌륭한 목적을 위해서만 기적을 이루신다고 합니다. 자연법칙 역시 하나님의 법이며, 그럴 만한 이유가 없는 한 자연법칙을 뛰어넘는 일은 없습니다. 우리는 이 큰 기적을 번영시키시고 우리가 은혜롭게 해석할 수 있는 권한과 자비의 형태로 사용할 수 있도록 겸허하게 간청하나이다. 주님께서 우리에게 비밀스럽게 약속이라도 하신 듯 기적을 보여주지 않으셨습니까.'

기도를 마친 후 그는 곧 자신의 배가 움직일 수 있다는 것을 알아차렸습니다. 이외의 배들은 여전히 자기 자리에 머물러 있었죠. 그는 기적을 향하여 다가갈 수 있는 허락의 뜻으로 받아들이고 조용히 빛의 기둥 쪽으로 조용히 노를 저어 갔습니다. 빛의 기둥과 가까워질수록 기둥과 십자가는 분리되어 별들의 집합체처럼 변하다가 이내 사라져버렸습니다. 보이는 것은 소나무로 만든 작은 상자뿐이었고 이 상자는 물 위를 떠다녔으나 물에 전혀 젖지 않았습니다. 그리고 그를 향하여 작은 초록빛 종려나무 가지가 자라났는데, 그가 상자를 깊은 경외심을 가지고 배로 가져오자 그것이 저절로 열렸습니다. 그 안에는 책과 편지가 있었는데, 둘 다 고운 양피지로 만들어져 있었으며 인도산 무명으로 싸여 있었지요. 그 책 속에는 여러분이 가지고 있는 성경처럼 구약과 신약의 모든 부분을 포함했으며, 그중에는 요한계시록과 같은 일부 신약의 다른 책들도 포함하고 있었습니다. 그리고 편지에는 다음과 같은 내용이 적혀 있었지요.

지극히 높으신 하나님의 종이자 예수 그리스도의 사도로서 나 바르톨로메오[1]는 영광스러운 환상으로 내게 나타난 천사로부터 이 상자를 바다에 띄우라는 명령을 받았다. 그러므로 나는 하나님이 이 상자를 보내라 명하신 그 땅의 백성들에게 증언하고 선언하노라. 이 상자가 그들에게 이르는 그날, 그들에게 아버지 주 예수로부터의 구원과 평화, 은혜가 함께하리라.

이 두 개의 편지와 책에는 사도들의 방언 은사에 버금가는 기적이 일어났다는 사실이 기록되어 있었습니다. 당시 땅에는 기존 원주민 외에 히브리 사람, 페르시아 사람, 인도 사람들이 있었습니다. 그들은 모두 책과 편지가 각자 모국어로 쓰이기라도 한 것처럼 자연스럽게 읽었습니다. 그리하여 이 땅은 바르톨로메오 성도의 사도적이고 기적적인 복음 전파로, 구세계의 남은 자들이 물로부터 구해졌듯이 방주로써 구원받았습니다."

---

[1] 전승에 따르면 바르톨로메오는 인도로 건너가 하나님 나라를 알렸고, 인도의 왕과 공주를 비롯해 그곳 사람들을 그리스도인으로 개종시키다가 순교했다고 전해진다.

아틀란티스는
어디인가

그는 말을 멈추었고 다른 전령이 와서 그를 불러냈다. 이것이 모임에서 일어난 일이었다. 다음날 같은 관장이 저녁 식사 후에 우리를 다시 찾았다. 그는 어제 우리를 다소 급하게 떠나야만 했던 사정을 설명하고 사과했다. 그리고 우리가 그의 동행과 대화를 원한다면 함께 시간을 보내겠다고 말했다. 우리는 그가 말하는 것을 듣는 동안 직면했던 위험과 미래에 대한 두려움을 모두 잊었고 그와 함께한 1시간이 우리가 이 섬에 오기 전의 몇 년의 삶과 맞먹는다고 생각했기 때문에 매우 즐겁고 기분이 유쾌했노라 대답했다. 그는 우리에게 살짝 경례하고 자리에 앉아 말했다.

"자, 여러분이 이제 질문하실 차례입니다."

우리 중 한 명이 잠시 머뭇거리다가 알고 싶은 것이 있지만 너무 지나친 질문일까 싶어 물어보기 두려워한 질문이 있다고 말했다.

"우리는 이미 관장의 훌륭한 인품에 힘을 얻었고 그 질문을 할 만한 담력을 가지고 있었습니다. 혹시 대답하는 것이 적절하지 않다고 여기시면 우리를 부디 용서해주었으면 좋겠습니다. 하신 말씀을 잘 알아들었으며, 이전에 말씀하셨듯이 우리가 지금 있는 이 행복한 섬은 소수의 사람만 알고 있지만 섬 주민들은 전 세계 국가들을 대부분 알고 있더군요. 그들은 유럽 언어를 사용하고 우리의 상황과 일에 대한 다양한 지식을 가지고 있습니다. 그런데 우리는 유럽 탐험가들의 항해에도 불구하고 이 섬에 대한 조금의 소식이나 정보조차 듣지 못했으며 아무도 아는 자가 없습니다. 이것인 너무나 기이합니다. 모든 국가는 해외여행이나 자기 땅에 온 낯선 사람으로부터 서로에 대한 지식을 확장하게 마련입니다. 외국에 가는 여행자가 집에 머무는 사람들보다 더 많은 정보를 알 수 있기는 하지만, 양쪽 모두에게 어느 정도 상호 지식을 얻을 수 있는 충분한 방법이 있기 때문입니다. 그러나 이 섬의 배가 유럽의 어느 해안에 도착했다는 이야기나, 동인도제도 또는 서인도제도 등 세계 각국 그 어느 해안에서도 이 섬에 왔다가 돌아간 배를 들어본 바가 없습니다. 놀라운 것은 여기에 그치지 않습니다. 이 섬은 여전히 광대한 바다의 비밀로 남아 있었기 때문입니다. 그런 이 섬의 사람들이 그렇게 먼 거리에 있는 곳들의 언어, 책, 사건을 알고 있다는 점이 우리로서는 너무나 혼란스럽습니다. 우리에게는 섬이 다른 사람들에게 숨겨져 보이지 않았지만 다른 사람들을 잘 알고 있는 것이 신성한 힘이나 존재로 인한 것처럼 보였습니다."

우리의 일장연설 같은 질문이 끝난 후 관장은 친절한 미소를 지어 보이며 말했다.

"미리 용서를 구하고 나서 질문한 것은 매우 현명한 태도입니다."

우리는 이 땅이 다른 나라의 소식과 정보를 알아내려고 공중으로 영혼을 보내는 등 부정한 마법을 쓰는 나라일지도 모른다고 생각했다. 우리는 모두 최대한 겸손하게 받아들였으나 한편으로는 그가 농담으로 말했다는 것을 알고 있다는 표정을 담아 대답했다.

"우리는 이 섬에 무언가 초자연적인 것이 있다고 추측하기는 했지만, 그것이 마법이라기보다는 일종의 신성한 천사와 같은 존재 때문이라고 생각합니다. 하지만 진실로 이 질문을 생각하고 그것을 물어도 좋은지 조심스러워한 것은 이 섬이 낯선 이방인들과 비밀에 관한 법을 가지고 있다고 생각해서입니다."

그가 말했다.

"여러분이 정확하게 알고 계시군요. 사실 여러분께 앞으로 말씀드릴 것은 불법이지만 여러분의 호기심을 만족하게 할 만큼 충분히 말씀드리겠습니다. 여러분은 약 3천 년 전 혹은 그 이상 동안 세계 탐험을 위한 항해가 지금보다 더 활발했다는 것을 알아야 합니다. 여러분 스스로 섣불리 판단을 내리지 마십시오. 120년간 여행이 얼마나 늘어났는지는 저는 잘 모릅니다. 그러나 저는 그것이 전 세계의 홍수로부터 마지막 사람들을 위했던 그 방주는 사람들에게 바다를 탐험할 수 있는 자신감을 주었습니다. 저는 이를 잘 알고 있습니다. 페니키아[1] 사람들과 그들 가운데 특히 티루스[2] 사람들은 거대한 함대를 보유하고 있었습니다. 카르타고[3] 사람들은 서쪽에 식민지를 가지고 있었지요. 동쪽의 이집트와 팔레스타인의 배들도 역시 굉장했습니다. 이제는 자그마한 배나 카누밖에 없는 중국과 여러분이 이제 아메리카라고 부르는 거대한 아틀란티스도 당시에는 큰 배들이 많이 있었습니다. 그 당시의 믿을 만한 기록과 연보에 따르면 우리 섬은 1,500척의 튼튼한 배를 보유하고 있었습니다. 여러분은 방금 제가 말한 사실을 거의 알지 못할 것입니다. 하지만 우리는 다양한 지식을 가지고 있지요.

그때 이 땅은 제가 전에 말씀드린 모든 나라의 배와 선박들이 자주 드나들던 곳이었습니다. 그들은 종종 다른 나라의 일반인들을 많이 데리고 왔지요. 페르시아, 칼데아[4], 아라비아 사람들과 같이 다양한 나라의 사람들이 함께 왔으며 거의 모든 국가의 강대하고 유명한 인물들이 이곳에 모였습니다. 오

---

[1] 고대 가나안의 북쪽에 근거지를 둔 고대 문명으로, 오늘날의 레바논, 시리아, 이스라엘 북부로 이어지는 해안이 중심 지역이었다.

[2] 페니키아의 항구도시로, 현재 레바논 남부의 수르 지방.

[3] 기원전 814년경에 현재의 튀니지 영토에 세워진 북아프리카의 도시국가로, 절정기에는 지중해 서부 지역 대부분에 영향력을 끼치는 상업적 정치적 중심지였으나 146년 제3차 포에니 전쟁에서 패배해 로마 공화정의 아프리카 속주의 일부가 되었다.

[4] 바빌로니아 남부를 가리키는 고대의 지명으로, 터키와 페르시아만 일대를 말한다.

늘날까지 여전히 우리와 함께하는 소수의 민족도 있습니다. 그리고 우리 배들은 여러 차례 다양한 항해를 떠났지요. 여러분이 헤라클레스의 기둥이라고 부르는 해협[1], 대서양과 지중해의 다른 지역들까지요. 동양의 페권[2]과 퀸지[3], 동타타르[4] 국경까지도 갔지요. 동시에, 그리고 그 후 한동안 위대한 아틀란티스 사람들은 번창했습니다.

여러분과 같은 위대한 분들 사이에 공유되는 이야기에 따르면 바다의 신 포세이돈의 후손들이 아틀란티스에 있으며 그곳에는 웅장한 신전, 궁전, 도시, 그리고 전당이 있다고 합니다. 이 지역과 신전을 둘러싼 다양한 강들 그리고 사람들이 탑처럼 오르내렸던 건물들 모두 시적이고 환상적이라지요.

당시 코야라고 불린 페루나 티람벨이라 불린 멕시코처럼 무기와 선박, 막대한 부를 가진 강대국이었습니다. 그들은 대서양에서 지중해로 10년에 최소한 두어 번 정도의 원정을 떠났지요. 티람벨 국민들은 대서양을 거쳐 지중해를 건너, 코야 국민들은 남쪽 바다를 지나 우리 섬에 도착했지요. 유럽으로 떠난 티람벨의 경우 그들이 인용한 이집트 사제와 어떤 관계가 있는 것으로 보입니다. 제가 장담컨대 절대적으로 제 말이 틀리지 않을 것입니다. 그러나 고대 아테네 사람들이 그 세력을 격퇴하고 저항한 것에 따른 영광을 누렸는지는 말씀 드릴 수 없지만 확실한 것은 그 항해에서 배나 사람들이 돌아 오지 않았다는 것입니다. 그들이 만일 그보다 더 강력하고 무 자비한 적들을 만났다면 더 나은 운명을 가지지 못했을 것입 니다. 섬의 왕 알태빈은 지혜로운 사람이자 위대한 전사로, 그는 자신의 힘과 적의 힘을 잘 알고 있었지요. 그는 그들의 육군을 선박에서 분리하고, 그들의 해군과 야영지를 강력한 힘으로 포위했습니다. 적들을 무력 없이 항복하도록 만들었

---

[1] 유럽의 스페인 남부와 아프리카의 모로코 북부 사이의 지브롤터 해협. 헤라클레스 가 그의 우람한 두 팔로 유럽과 아프리카를 쪼개 이 해협을 만들었다는 그리스 신 화에 근거해 이 해협 동쪽 끝에 있는 두 개의 바위 기둥을 '헤라클레스의 기둥' 이 라 부른다.

[2] 중국 베이징.

[3] 중국 항저우.

[4] 서양에서 몽골을 타타르라고 불렀으며 타타르의 동쪽은 만주다.

고 다시는 그에게 대항하지 않겠다는 맹세를 받고 모두 안전하게 풀어주었지요.

그러나 그 자만심 끝에는 얼마 지나지 않아 신의 심판이 있었습니다. 100년도 채 안 되는 기간에 아틀란티스가 완전히 사라지고 파괴되었으니 그들의 말처럼 큰 지진으로 파괴된 것이 아닙니다. 그 지역 전체에 지진이 일어날 가능성은 거의 없습니다. 그것은 어느 이유 있는 특정한 홍수나 침수에 의한 것이죠. 그 나라들은 오늘날 옛 세계의 어떤 곳보다 훨씬 큰 강과 더 높은 산이 있어 비를 쏟아부을 수 있었습니다. 하지만 홍수가 깊지 않았습니다. 대개 지면에서 12미터를 넘지 않을 정도였지요. 그 때문에 홍수가 사람과 동물은 파괴했으나 숲에 사는 일부 소수의 동물은 탈출할 수 있었습니다. 새들도 높은 나무와 숲으로 날아가서 목숨은 건졌지요. 물론 높은 곳에 건물이 여러 채 있기는 했지만 홍수가 얕았음에도 오래 지속되어 익사하지 않은 사람들은 굶주림과 생필품의 부족으로 죽었습니다.

그러니 부디 여러분은 아메리카의 적은 인구수와 그들의

무례함과 무지에 놀라지 마십시오. 그들은 지구의 대홍수 이후 천 년이라는 많은 시간이 지나고 나서 또다시 홍수를 겪었기 때문이니까요. 산에 남아 있던 불쌍한 인류의 남은 자손들이 조금씩 다시 나라를 재건했습니다. 땅의 족장이었던 노아와 그의 아들들과는 달리 그들은 단순하고 야만족인 민족이었기 때문에 후손들에게 문자, 예술, 예의범절을 남길 수 없었죠. 호랑이, 곰, 염소의 가죽으로 옷을 지어 입던 추운 산악지대의 극심한 추위에서 살던 자들이라 계곡 아래로 내려왔을 때 그곳의 극심한 더위를 버티기 힘들어했고 가벼운 의복을 만들 줄 몰라 어쩔 수 없이 알몸으로 돌아다니는 습관이 생겼고 그 습관은 오늘날까지 이어지고 있습니다. 그들은 새의 깃털에 큰 자부심과 기쁨을 가지고 있었습니다. 그들의 산속 조상들로부터 전해진 전통이지요. 아래에 물이 범람하는 동안 높은 지대로 날아온 많은 새들로부터 시작된 것입니다. 말씀드린 이 큰 사건으로 우리는 아메리카와 교역이 끊겼지요. 아메리카 사람들은 우리와 가장 가까웠고 교역도 가장 많았음에도 불구하고 말이지요.

그 후 세계의 다른 지역에서는 전쟁이든 시간에 따른 자연스러운 변화이든 모든 곳의 항해 및 여행이 줄어들었고, 특히 바다로 멀리 나아갈 수 없는 작은 배를 선호하다 보니 먼 항해는 거의 소멸했습니다.

다른 나라에서 우리 섬으로의 교역은 여러분이 이곳에 우연히 온 것과 같은 희귀한 우연을 제외하고 오래전부터 이루어졌습니다. 하지만 우리가 다른 나라들과의 교류가 어떻게 중단되었는지 또 다른 이유를 알려드리겠습니다.

솔직히 지금 제가 말하려는 것은 원래는 말씀드리면 안 되는 것입니다. 우리의 선박 수, 힘, 선원, 조종사, 항해, 여행과 관련된 모든 것에 항상 그랬던 것처럼 위대함을 유지하고 있습니다. 우리가 '집'에 앉아 있는 이유는 따로 설명해드리겠습니다. 이것은 여러분의 주요한 질문에 만족스러운 답을 제공하기 위한 힌트가 될 것입니다.

지금으로부터 약 1,900년 전에 이곳을 통치한 왕이 있었습니다. 그는 인간임에도 불구하고 '신성한 도구'처럼 이름이 솔라모나였으며 우리나라의 입법자로서 존경받았습니다. 왕은 헤아릴 수 없을 만큼 큰 도량을 지녔고, 자기가 다스리는 나라와 백성들의 행복을 위하여 온몸을 바치기로 했습니다. 그는 이 땅이 외국인의 도움 없이도 유지하는 것이 가능한지를 보았지요. 섬은 둘레가 9천 킬로미터나 되고 비옥한 토양을 가지고 있다는 점을 고려했습니다. 나라의 해업이 어로와 항구 간의 운송으로 풍성하게 활성화될 수 있다는 것을 알았지요. 멀지 않은 작은 섬으로 항해해서 그들 역시 우리와 같이 왕과 법으로 통치되고 있다는 것도 찾아냈습니다. 그리고 그 땅은 꽤 번영했지만 더 나아지기는 어려운 곳이라는 것을 알았지요. 그는 고귀했으며 영웅적인 기지가 있었으나 그의 선견지명이 먼 미래는 예측하지 못했으므로 당시 행복을 영원히 지속시키려고 노력했습니다. 따라서 왕은 지금 우리가 아직 유지하고 있는 기본법을 제정했습니다. 바로 이방인의 출입을 막고 금지하는 법이지요. 그 당시에는 아메리카의 불운한 재앙 이후 낯선 사람들이 빈번하게 섬에 들어왔지요. 따라서 그들의 새로움과 다른 문화적인 습관의 혼합을 우려해서 그들의 입국을 금지함으로써 그의 시대에 도래한 번영을 영구적으로 유지하기 위해서였습니다.

중국에서도 허가 없이는 낯선 이의 입국을 금지하는 유사한 오래된 법이 있습니다. 그들의 법 역시 현재까지 이어지고 있습니다. 하지만 중국의 그 법은 악법이나 다름없습니다. 그 법은 그들을 호기심은 많지만 무지하며 겁 많고 어리석은 국민으로 만들었지요. 그러나 우리의 법은 다릅니다. 그들의 법과는 다른 성질의 것입니다.

우리 선왕께서는 인간다운 특성을 보존하며 질서를 잡고 고통받는 이방인들을 돕는 조치와 지원을 마련했습니다. 여러분 역시 그 조치와 지원을 경험하셨을 테지요."

그의 말이 끝나고 우리는 모두 자리에서 일어나 절했다. 그는 계속해서 말했다.

"또한 선왕께서는 인류와 정책을 결합하고자 했으며 이방인을 그들의 의지와 동의 없이 감금하는 것은 인간의 본성에 반하는 것으로 생각하셨습니다. 그러나 동시에 그들이 본국에 돌아가서 이 나라에 대한 지식을 알리게 하는 것은 정책적으로 바람직하지 않다고 판단하셨지요. 그래서 그는 다음과 같은 조치를 했습니다. 입국이 허가된 이방인 중에서 떠나고 싶은 자는 언제든 떠날 수 있지만 머물고 싶은 사람은 나라의 지원을 받아 살 수 있다. 금지령 이후 이 시대에 우리가 기억하는 바로는 거의 한 척의 배도 돌아가지 않았으며 여러 차례 걸쳐 13명만이 돌아갔을 뿐입니다. 돌아간 소수의 사람이 본국으로 돌아가 무엇을 보고했는지는 알 수 없습니다. 그러나 그들이 무슨 말을 하든 듣는 이들은 그것을 꿈에서 들은 것으로 생각할 것입니다. 우리 왕께서는 해외로 여행하는 것을 완전히 제한하는 것이 적합하다고 생각했습니다.

바로 이것이 중국과 다른 점입니다. 중국인들은 그들이 원하는 곳이나 가능한 곳으로 항해합니다. 이방인을 막는 그들의 법이 비겁함과 두려움에서 나온 것이라는 것을 보여주지요. 그러나 우리의 통제에는 한 가지 예외가 있습니다. 꽤 칭찬할 만한 점입니다. 이방인들과 소통하고 해를 피함으로써 오는 선한 점은 보존하고 나쁜 점은 피하는 것이지요. 이제 이것을 설명해보겠습니다.

살짝 주제에서 벗어난 것처럼 보일 수 있지만 어떤 식으로

든 이야기와 관련 있다는 것을 나중에 알게 되실 것입니다.

친애하는 여러분, 선왕의 뛰어난 업적 가운데 그 무엇보다 뛰어난 업적을 이해하게 될 것입니다. 그것은 우리가 솔로몬 전당이라고 부르는 기구 및 협회를 설립하는 것이었습니다. 그곳은 지상에서 가장 의롭고 고귀함의 대명사이자 이 왕국의 등불과도 같은 곳이지요. 이곳은 하나님의 작품과 피조물을 연구하는 데 전념하는 곳입니다. 어떤 사람들은 설립자인 선대왕의 이름을 그대로 따서 '솔라모나의 집'이 되어야 한다고 주장하기도 합니다. 그러나 기록은 솔로몬 전당으로 남아 있지요. 여러분에게도 유명하고 우리에게도 친숙한 히브리인의 왕 솔로몬의 명칭을 따서 이 이름을 지었다고 보시면 됩니다.

우리는 여러분이 잃어버린 그의 몇 작품 가운데 일부를 가지고 있습니다. 예를 들면 리바노스의 백향목¹부터 벽에 자라나는 이끼에 이르기까지 모든 식물과 살아 움직이는 생물을 다룬 자연사가 있습니다.

선대왕께서 자신보다 오래전에 살았던 히브리인 왕의 많은 부분을 닮았다고 생각하셨기 때문에 솔로몬 전당으로 칭호를 부여하기로 하신 것 같습니다.

저는 이것이 사실임을 더욱 믿게 되었습니다. 고대 기록에서 이 단체나 협회가 때로는 솔로몬 전당이라고 불리기도 했고 '6일 작품 대학'이라고 불리기도 하는 것을 발견했기 때문입니다. 저는 우리의 훌륭한 왕이 히브리인들에게서 하나님이 6일 만에 세상과 그 안에 있는 모든 것을 창조하셨다는 것을 배운 것에 만족합니다. 그는 만물의 본질을 알아내기 위하여 전당을 만드셨습니다. 그리하여 하나님이 그것을 만드는 데서 더 많은 영광을 얻고 사람들이 이로써 더 많은 열매를 맺게 하셨지요. 따라서 그 전당 역시 두 번째 이름을 부여받았습니다.

본론으로 돌아오겠습니다. 왕이 그의 백성들에게 자신이

---

[1] 리바노스는 기원전 4세기부터 기원후 5세기까지 쓰이던 코이네 그리스어로 레바논을 지칭하며, 레바논의 백향목은 성경에서도 언급되는 유명한 목재로 불변과 불멸을 상징한다.

통치하지 않는 땅으로 항해하는 것을 금지했지만, 그는 다른 법령도 내렸습니다. 이 왕국에서는 12년마다 2척의 배가 이 왕국을 떠나 여러 항해를 수행해야 하며, 이 2척 중 하나는 솔로몬 전당 출신 형제들 3명이 임무를 맡아야 합니다. 그 임무는 바로 세계의 과학, 예술, 제조, 발명품에 관한 정보와 모든 부류의 책, 도구, 문양을 모아 우리나라로 가져오는 것입니다.

배는 솔로몬 전당 출신 사람들을 내려준 후에 다시 섬으로 돌아가야 하고, 그들은 새로운 사명을 부여받을 때까지 해외에 머물러야 합니다. 배들은 오직 식량과 식료품 그리고 그들이 사용할 많은 양의 보물로 가득 차 있으며, 이는 그들이 적절하다고 생각할 때 물건을 구입하고 적절한 사람들에게 보상을 주기 위해서이지요. 저는 그들이 어떻게 다른 나라에서 온 것처럼 행세해야 하는지, 이 여행이 어떤 곳으로 가도록 계획되었는지, 그리고 어디에서 다시 만나 새로운 임무를 맡는지, 그 비슷한 상황과 조건을 여러분에게 말씀드릴 수는 없습니다. 여러분도 그것에 대해서는 크게 관심이 없으리라 생각합니다.

우리는 금이나 은, 비단, 보석, 향료 따위의 제품이나 생산물을 위해서가 아니라 오직 하나님의 피조물인 빛을 위하여 무역하는 것입니다. 즉 모든 곳의 빛, 그러니까 그들의 성장을 알기 위하여 무역을 유지하는 것이지요.”

이 말을 끝으로 그는 우리 모두와 마찬가지로 침묵했다. 실제로 우리는 그런 이상한 이야기를 듣고는 놀랐다. 우리는 무언가 말하고 싶었지만 말할 준비가 되지 않았다. 그런 우리를 보고 그는 친절하게도 상의를 갈아입고 우리의 여행과 운명에 대하여 질문하기 시작했다. 우리가 섬에 얼마나 오래 머물 것을 요구할지 우리 스스로 생각하는 것이 좋을 것 같다는 결론을 내리고는 굳이 짧은 기간을 말할 것 없이 원하는 만큼의 기간을 요구하라고 조언했다. 우리는 모두 일어나서 그의 어깨걸이 자락에 입을 맞추려 했으나 그는 우리를 떠났다.

그러나 섬에 머물고 싶은 이방인에게 조건을 제시했다는 사실이 퍼지면서 병사들은 누구라도 섬을 떠날 준비를 하듯 배를 쳐다보았고, 그들이 즉시 관장에게 가서 조건을 묻지 못하도록 막는 데 어려움을 겪었다. 우리는 그들을 제지하며 꽤 소란을 피웠고, 고민 끝에 겨우 합의점을 찾았다.

우리는 자신을 자유인으로 여겼다. 우리는 파멸할 위험이 없다는 것을 알고 있었고, 즐겁게 해외에 나가 도시와 주변 지역을 탐방하며 도시와 이웃의 모든 것을 보며 여유롭게 살았다. 그리고 많은 사람들과 친구가 되었다. 그들에게서 인류애를 느꼈고 낯선 사람들을 가슴으로 받아들였다. 이야기할 만한 많은 흥미로운 일들을 만났고 많은 것을 관찰했다. 하지만 우리의 눈을 사로잡을 만한 가치가 있는 거울이 있다면 그것은 바로 이 나라일 것이다.

축제 기간

어느 날 우리 일행 중 남자 2명이 현지 주민들의 가족 축제에 초대받았다. 그 축제는 가장 자연스럽고 경건했으며 존경받는 전통으로 이 나라가 세상의 모든 선량함으로 이루어져 있음을 보여주었다. 행사는 이렇게 이루어졌다. 누구든지 살아서 후손 30명을 만들고 모두 3살 이상이면 이 축제를 할 수 있으며 이에 대한 비용은 전적으로 국가가 부담한다.

축제 이틀 전 터산이라 불리는 집안의 아버지는 자신이 선택한 친구 3명을 데리고 왔다. 행사가 열리는 도시의 시장의 도움을 받고, 그의 가족이면 남녀 불문하고 모두 와서 참석하게 했다.

터산의 가문은 이틀 동안 '좋은 재산'을 주제로 의논을 나누었다. 그동안 가족 구성원 간에 다툼이나 소송이 발생하면 서로 다시 화합하고 화해했다.

그곳에서 가족 중 한 명이라도 괴로워하거나 죽어가는 사람이 있다면 그들을 구제하기 위한 적절한 명령과 그들에게 생활 수단을 제공하라는 명령이 내려진다. 그곳에서 악행을 저지르거나 죄를 지은 사람은 비난과 징계를 받는다. 마찬가지로 결혼과 삶의 방향, 즉 결혼한 사람이 걸어가야 할 인생의 길에도 다양한 선택지가 포함되어 있다. 이때 시장은 터산이 자신에게 내려진 명령과 규칙을 잘 실행할 수 있도록 돕는다. 사람들이 복종하지 않는 일은 드물지만, 그런 일이 발생한다면 공권력은 그들이 자연의 질서와 존경 및 순종을 배우고 이를 실행에 옮길 수 있도록 돕는다.

터산은 그의 아들 중 한 명을 선택해서 그와 함께 사는데, 이 아들은 그때부터 '포도나무의 아들'이라 불린다. 이제 곧 그 이름을 붙인 이유가 나올 것이다.

축제 당일 아버지인 터산은 '신성한 예배'를 마치고 축제가 열리는 큰 방으로 간다. 이 방은 상단에 작은 무대가 있었다. 작은 무대의 중앙 벽에는 그를 위한 의자가 놓여 있고 그 앞에는 테이블과 양탄자가 위치했다. 의자 위에는 담쟁이 나무로 만든 둥글거나 타원형으로 만든 상이 있었다. 담쟁이덩굴은 은사시나무의 잎사귀처럼 하얗고 빛났는데, 이 식물은 겨우내 푸르렀다.

접시는 흥미롭게도 다양한 색상의 은과 비단으로 만들어져 담쟁이 잎을 함께 땋거나 엮여 있는데, 이는 집안의 딸들 중 몇이 만든 것이다. 상단은 비단과 은으로 된 고운 그물로 베일을 씌워 덮여 있었다.

고기나 다른 것을 꾸민 것 역시 담쟁이 잎이었다. 음식에서 그것을 덜어낸 후에 가족이나 친구들은 그 잎을 저마다 보관하려 했다.

터산은 모든 세대와 혈통을 앞선다. 남성이 앞서면 여성은 그 뒤를 따른다. 혈통을 낳고 계보를 이어가도록 도운 어머니가 있다면 그녀는 의자 오른편 위 다락에 마련된 방에 간다. 그 방은 개인 전용문이 달려 있고, 금색과 파란색으로 이루어진 유리 조각 창문이 있으며, 밖에서는 안이 보이지 않지만 안에서는 밖이 보인다.

터산이 앞으로 나와 의자에 앉았고 모든 후손은 남녀 차이 없이 나이 순서대로 벽에 기대어 선다. 그가 자리를 잡으면 사람들로 가득 찬 방이 질서정연해진다. 그리고 잠시 후 방의 아래쪽 끝에서 공식적인 소식을 전하는 전령과 같은 존재인 타라탄이 두 명의 젊은이와 함께 들어온다. 한 사람은 빛나는 황색 종이에 두루마리를 들고 있고, 다른 한 사람은 긴 줄기를 가진 금 포도송이를 들고 있다.

전령과 아이들은 초록색 공단 망토를 걸쳤는데, 전령의 망토에는 금줄이 둘러 있었고 옷자락이 길게 드리워져 있었다. 그 후에 전령은 예의를 갖춰 세 번의 인사를 하고 위로 올라와 두루마리를 잡았다.

두루마리는 가문의 아버지에게 주어진 왕의 헌장으로서 국왕의 특권과 면제, 명예 등 다양한 혜택이 기록되어 있었다.

'이와 같은 분께 우리의 사랑하는 친구이자 내가 빚을 진 자에게.'

왕은 누구에게도 빚이 없다. 그러나 왕은 왕국의 성장과 번영에 이바지하며 국민을 번영시키기 위해서는 빚을 진다는 뜻이다. 왕이 내린 이 헌장의 인장은 왕의 형상이 금으로 새겨져 있었다. 그러나 헌장은 가문의 수와 그 신분에 따라 가끔 다소 차이가 있었다.

이 헌장을 전령이 큰 소리로 낭독하고 읽는 동안 아버지, 즉 터산은 그가 선택한 두 아들의 부축을 받으며 일어선다.

그러면 전령은 무대로 가서 조서를 아버지 손에 전달한다. 그러면 그 자리에 있던 모든 이들이 그들의 언어로 "벤살렘의 백성들은 행복하다"라고 외친다.

다시 전령은 다른 아이로부터 금으로 된 포도송이를 가져온다. 포도는 정교하게 덮여 있다. 가족 중 남성이 여성보다 많다면 포도는 보라색 에나멜을 입히고 그 위에 작은 태양을 그린다. 하지만 여성이 남성보다 많으면 녹색과 노란색 에나멜이 입히고 위에 초승달 그림이 들어간다. 포도는 후손의 수와 일치한다.

전령은 터산에게도 이 금송이를 전달한다. 그러면 터산은 전에 자기와 함께 집에 있기를 택한 아들에게 이를 넘겨주고 그 아들은 금송이를 명예의 징표로 아버지 앞에서 지니고 다니며 후에 공적으로 '포도나무의 아들'이라 불린다.

이 의식이 끝나고 아버지 터산은 물러나 방으로 가서 잠을 자거나 쉬다가 이후 저녁 식사 때 다시 나온다. 그는 이전처럼 석상 아래에 홀로 앉는다. 솔로몬 전당 출신이 아니라면 그의 후손 중 어떤 지위나 위치에 있는 사람도 그와 함께 앉을 수 없다. 오직 남자아이들만이 그를 섬길 수 있었다. 남자아이들은 무릎을 꿇고 그를 위하여 모든 테이블 서비스를 수행했고 여자들은 벽에 기대어 그의 주위에 서 있을 뿐이었다.

작은 무대 아랫방에는 초대받은 손님들을 위하여 양쪽에 테이블이 놓여 있었다. 손님들은 위대하고 품위 있게 대접받았다. 축제는 1시간 반 이상 지속되지 않아, 저녁 식사가 끝날 무렵 찬송가를 부른다. 작곡가에 따라 달라도 항상 아담, 노아, 아브라함을 찬양하는 주제였다. 이 중 전자는 세상을 다스리는 내용이었고 마지막은 충실한 사람들의 아버지에 대한 내용이었다. 우리 구주의 탄생에 대한 감사를 기리는 시간으로 끝나며 그분의 탄생과 동시에 모든 사람의 탄생을 축복한다.

저녁 식사가 끝나고 터산은 다시 물러나 개인 기도를 하는 곳으로 간다. 그 후 세 번째로 나와 축복을 주는데, 그의 모든 후손이 처음처럼 터산의 주위에 선다. 그런 다음 터산은 자신이 원하는 순서대로 한 명씩 불려 나오도록 한다. 보통 나이순이 뒤바뀌는 경우는 드물다. 부름을 받은 사람은 테이

블을 치우기 전에 의자 앞에 무릎을 꿇고, 아버지는 그의 머리 또는 그녀의 머리에 손을 얹고 다음과 같은 말로 축복을 내린다.

"벤살렘의 아들(또는 딸), 네 아버지가 말씀하시기를, 또 네게 숨과 생명을 주신 이가 말씀하시길, 영존하는 아버지, 평화의 왕, 거룩한 비둘기의 복이 네게 임하여 너의 순례 날이 복되기를."

그리고 두 사람 중 한 명에게 밀 이삭 모양으로 만든 보석을 전달해 터번이나 모자 앞에 항상 착용하게 한다. 이 절차가 끝나면 그들은 남은 하루 동안 음악과 춤, 기타 오락 활동을 즐긴다. 이것이 가족 축제의 전체 순서다.

벤 살 렘 사 람 들

그렇게 6, 7일이 지나고, 나는 그 도시의 상인 조아빈과 친해졌다. 그는 유대인이었고 할례를 받았다. 그들 가운데 유대인이 몇 명 남았는데, 그들은 아직 자신의 종교를 믿고 있었다. 그들은 다른 지역의 유대인과는 성향이 아주 달랐다. 다른 유대인들은 예수 그리스도의 이름을 미워했고 그들과 함께 사는 사람들에게 은밀한 원한을 품고 있었다. 그러나 이들은 우리 구주에게 높은 덕목과 찬양을 드렸고 그들의 나라 벤살렘을 매우 사랑했다.

내가 말하는 이 사람은 분명히 예수가 동정녀에게서 태어났으며, 그가 사람 그 이상이라는 것을 인정할 것이다. 또한 하나님이 어떻게 예수를 하나님을 보좌하는 천사들의 통치자로 만드셨는지 말할 것이며 그를 은하수와 메시아의 엘리야 등 다른 존경할 만한 이름들로 대신해 부를 것이다. 물론 그의 신성한 위엄보다는 언어가 종속적이고 급이 낮지만 다른 유대인들이 사용하는 그런 언어와는 거리가 멀다.

그리고 그들은 벤살렘이라는 나라에 대하여 칭찬과 축하를 그치지 않았다. 유대인들 사이의 전통에 따라 그 백성들이 나코란으로 부르는 아브라함의 후손이라고 믿으려 했다. 그리고 모세는 성경에 대한 유대인의 신비로운 해석을 통하여 현재 벤살렘에서 사용되는 율법을 정했으며, 주님이 재림하셔서 예루살렘의 보좌에 앉으실 때 벤살렘의 왕만이 주님의 발치에 앉을 수 있으며 나머지 다른 나라의 왕들은 그보다 훨씬 더 멀리 떨어져 있어야 한다고 말했다.

이런 상상을 제외하면 이 사람은 현명하고 지혜로웠다. 그는 학식이 풍부하고 벤살렘의 법과 관습을 잘 알고 있었다. 여러 가지 이야기를 나누던 중 어느 날 나는 그에게 가족의 절기를 지키는 그들의 관습에 많은 영향을 받았다고 말했다. 나는 자연이 의식의 주재자가 된 엄숙함에 대하여 들어본 적이 없었기 때문이다.

가문의 번창은 혼인 후의 성관계에서 이루어진다. 따라서 나는 혼인에 관한 법과 풍속은 무엇이 있는지, 결혼은 잘 지켜지는 편인지 또는 일부일처제인지 따위의 것들이 궁금했다. 보통 인구수에 더 영향을 받거나 중요하다고 여겨지는 곳에서는 통상적으로 일부다처제가 허용된다. 그는 이렇게 답했다.

"그대들은 가족 축제라는 훌륭한 제도를 칭찬할 만한 이유가 있습니다. 실제로 우리는 축제에서 축복받은 가정이 그 이후 놀라운 방식으로 번성하고 번영하는 것을 보았습니다. 이제 제 이야기를 한번 들어보시지요. 제가 아는 바를 알려드리겠습니다.

하늘 아래 벤살렘처럼 순결한 나라는 없을뿐더러 모든 오염과 더러움으로부터 자유로운 나라도 없다는 것을 아실 테지요.

여기는 성녀의 나라입니다. 유럽 책들 중 한 권에서 저는 성 윤리의 정체를 찾고자 했던 한 거룩한 수도승 이야기를 읽은 적이 있습니다. 그에게 더럽고 추악한 이디오피아 사람이 나타났지요. 그러나 그가 벤살렘의 성 윤리의 모습을 보고자 했다면 분명 그에게는 아름답고 귀엽고 통통한 아기 천사가 그에게 나타났을 것입니다. 벤살렘 사람들의 순결함보다 더 공정하고 훌륭한 마음을 가진 이들은 없기 때문이지요.

따라서 이 사람들에게는 사창가도, 빈민가도, 창녀도, 또는 그와 어떤 형태로도 비슷한 것은 없다는 사실을 알 수 있겠지요. 오히려 이 사람들은 왜 유럽 사람들이 그런 것을 허용하는지 혐오감을 가지고 궁금해합니다.

결혼은 불법적인 음욕에 대한 구제법으로 제정된 것이고 또 자연적인 음욕은 결혼의 동기가 됩니다. 따라서 인간이 자신의 죄에 더 적합한 구제책을 얻는다면 결혼이라는 제도는 완전히 없어질 것입니다. 그러므로 유럽에는 결혼이라는 멍에에 메이기보다 훨씬 자유롭고 불결한 독신 생활을 택하는 사람이 무수히 많으며 결혼하더라도 성생활의 전성기와 힘이 다한 후 늦게 결혼하는 이들이 많지요. 그들에게 결혼이 거래가 아니라면 대체 무엇인가요? 그들은 동맹이나 명성을 추구할 뿐 그들의 결혼은 처음으로 하나 되는 신랑과 신부의 신실한 결합이 아닙니다. 그렇게 자신의 힘을 소진한 이들은 순결한 사람들이 으레 그렇듯 아이들을 존중하는 것 역시 불가능합니다.

그렇다면 결혼 생활 중에 필요 때문에 그런 짓들이 용납된다면 상황이 개선될까요? 아닙니다. 이는 결혼에 대한 모욕입니다. 기혼 남성들뿐만 아니라 미혼 남성들이 불결한 장소에서 창녀를 찾는 행위는 처벌되지 않고 있습니다.

타락한 관습과 겉으로는 아름답지만 본질적으로는 급 낮은 가식적인 포옹의 즐거움은 결혼을 따분한 일로 만듭니다. 일종의 세금처럼 말이죠.

벤살렘 사람들은 이를 터무니없는 지혜라고 일컬으며 '롯의 제물'[1]이라고 부르지요. 롯은 손님들을 학대로부터 구하기 위하여 두 딸을 바친 사람입니다. 또한 그들은 이렇게 해서 얻을 수 있는 것이 별로 없다고 말합니다. 동일한 악덕, 타락과 욕망이 여전히 남아 번성하기 때문이지요. 불순한 욕망은 용광로와도 같아서 화염을 완전히 차단한다면 꺼지겠지만 조그만 환기구라도 있다면 더욱 커질 것이기 때문이지요.

여기에는 남색자도 전혀 없습니다. 그럼에도 불구하고 세상에서 다시 찾을 수 없을 만큼 충실하고 훼손되지 않은 우정이 존재하지요. 이전에 제가 언급한 바와 같이 저는 여기서 본 것과 같은 순결한 사람들을 읽어본 바 없습니다.

그들이 하고 싶은 말은 다음과 같습니다.

'순결하지 않은 사람은 결국 자신을 경외할 수 없다. 또한 사람의 자아를 존중하는 것이야말로 종교 다음으로 죄를 짓지 않는 가장 좋은 방법이다.'"

선한 유대인 상인은 이렇게 말한 뒤에 잠시 입을 다물었다. 이 순간 나는 내가 말하기보다 그가 말하는 것을 더 듣고 싶었으나 그가 말을 멈추었을 때 계속해서 침묵해서는 안 된다고 생각하며 입을 열었다.

"그렇다면 사르밧의 과부[2]가 엘리야에게 말한 바와 같이 저는 그에게 이렇게 말할 것입니다. '그는 우리의 죄를 상기시키기 위하여 왔노라.' 이렇듯 벤살렘의 고결함은 유럽을 뛰

---

[1] 《구약성경》〈창세기〉 19장에 나오는 이야기로, 길손으로 가장한 천사들이 롯의 집에서 머물었는데, 그 성의 불량배들이 그들을 동성애의 대상으로 삼으려 롯의 집을 에워싸고 그들을 내놓으라며 롯을 위협했다. 롯은 갖가지 방법으로 자기 집에 온 손님들을 보호하려 했으며, 심지어 자기 두 딸을 대신 주겠다고까지 했다.

[2] 《구약성경》〈열왕기상〉에 나오는 이야기로, 홀로 사는 가난한 여인 사르밧이 하나님의 주신 말씀에 순종해서 마지막 남은 기름과 밀가루를 선지자 엘리야에게 대접했으며, 이 보답으로 평생 기름과 밀가루가 넘치는 축복을 받았다.

어넘었습니다."

그는 고개를 숙이고 이렇게 말했다.

"그들은 결혼에 관한 현명하고 훌륭한 법을 많이 가지고 있습니다. 그들은 일부다처제를 허용하지 않습니다. 한 쌍의 남녀는 처음 만난 후 한 달이 지날 때까지는 누구도 결혼하거나 약혼할 수 없도록 규정하고 있지요. 부모의 동의 없는 혼인은 무효가 되지는 않지만 벌금이 부과됩니다. 이들은 부모의 재산 가운데 3분의 1 이상을 상속받을 수 없기 때문입니다. 결혼하는 부부가 결혼 전에 벗은 모습을 볼 수 있는 것을 허용하는 내용의 유럽 책을 읽은 적이 있습니다. 벤살렘 사람들은 이를 경멸합니다. 서로를 깊게 알고 지내다가 결혼을 거절하는 것은 무례한 일이라고 생각하기 때문입니다. 그러나 남성과 여성의 몸에는 서로 잘 모르는 숨겨진 결함이나 문제가 많지요. 따라서 마을마다 '아담의 목욕실'과 '이브의 목욕실'이라고 불리는 2개의 목욕탕을 두고 그곳에서 신랑의 친구나 신부의 친구가 알몸으로 목욕하는 것을 볼 수 있도록 허용하는 좀 더 시민적이고 합법적인 방법을 제시하지요."

우리가 이야기를 나누고 있을 때, 풍성한 망토와 가운을 걸친 전령으로 보이는 사람이 다가와서 유대인 상인에게 말을 걸었다. 그의 말을 들은 유대인 상인이 내게 다시 말했다.

"급히 볼일이 생겨서 가봐야겠습니다. 이렇게 떠나는 것을 부디 용서해주시길 바랍니다."

다음날 아침, 그는 기쁜 듯이 다시 나를 찾아와서 이렇게 말했다.

"시장이 말하길 솔로몬 전당의 현자 한 분이 오늘부터 7일 간 우리를 방문한다고 합니다. 그것도 12년 만에 말입니다. 물론 그분이 오실 때가 되긴 했지만 그 이유는 비밀이라고 합니다. 당신과 동료 분들을 위하여 그분의 행차가 잘 보이는 좋은 자리를 마련하겠습니다."

나는 그에게 감사를 표하며 그 소식을 들어 정말 기쁘다고 말했다.

솔로몬 전당 현자와의
만남

그날이 되자 유대인 상인이 말한 그분이 모습을 드러냈다. 중간 정도의 키와 체격의 인자한 중년 남성으로, 사람들을 동정하거나 측은하게 여기는 듯한 모습을 보였다. 소매가 넓고 망토가 달린 검고 고운 천으로 만든 겉옷을 두르고 있었다. 망토 속에 발까지 내려오는 질 좋은 흰 리넨 속옷을 입었고 허리와 목에 각각 같은 재질의 띠를 두르고 있었다. 또한 신기한 돌이 박힌 장갑을 끼고 있었으며 복숭앗빛 벨벳 구두를 신고 있었다. 그분이 쓴 모자는 투구 같기도 하고 귀가 휘어진 둥근 사냥꾼 모자인 스페인식 몬테로 같기도 했다. 모자 아래로는 갈색 머리칼이 적당히 말려 있었다. 수염은 둥근 모양으로 다듬어져 있었고 머리칼과 같은 색이었지만 약간 더 밝았다.

그분은 가마처럼 바퀴가 없는 호화로운 전차를 타고 이동했다. 전차 끝에는 수가 놓인 푸른 벨벳으로 감싸진 말 두 마리가 있었고 양옆으로 비슷한 옷을 입은 2명의 시종이 있었다. 전차는 삼나무로 만들어졌다. 화려하게 금박을 입히고 수정으로 장식했으며, 앞부분은 금테두리가 둘린 사파이어

판벽이, 뒤쪽 끝에는 페루산 에메랄드로 보이는 보석이 박혀 있었다. 또한 전차의 위쪽 가운데는 금으로 만든 태양이 빛났고, 태양 앞은 날개를 펼친 천사상이 금으로 장식되어 있었다. 전차는 푸른빛이 나는 금색 천으로 덮여 있었다. 그분 앞에는 50명의 젊은 수행원이 있었다. 그들은 다리 중간까지 내려오는 헐렁한 흰색 새틴 코트를 입고 흰 비단으로 만든 스타킹을 신고 있었다. 푸른색 벨벳으로 만든 신발과 모자를 쓰고 있었는데, 모자에는 형형색색 다채로운 깃털이 동그랗게 묶여 있었다. 전차 앞의 두 사람은 머리에 아무것도 쓰지 않고 발까지 내려오는 베옷으로 몸을 감싸고 있었다. 푸른 벨벳으로 만든 신발을 신었으며, 한 명은 지팡이를 들고 있었고 다른 한 명은 양 갈고리 같은 목회용 지팡이를 들고 있었다. 두 지팡이 모두 금속이 아닌, 각각 향유나무와 백향목으로 만들어졌다. 전차 앞뒤에 기병은 없었는데, 이는 소란이나 곤란한 상황을 피하기 위해서였다. 또한 도시의 모든 관료와 책임자들이 전차 뒤를 따랐다.

그분은 화려한 플러시 천과 푸른색의 푹신한 쿠션 위에 홀로 앉아 있었다. 그분의 발아래에는 다양한 색상의 비단으로 만들어진 멋진 양탄자가 깔려 있었다. 페르시안 양탄자와 비슷했으나 훨씬 더 정교하고 아름다웠다.

그분은 행차하는 동안 손을 들어 올려 사람들을 축복하며 침묵을 지키고 있었다. 길은 놀라울 정도로 잘 정비되어 있었다. 그 어떤 군대도 이 길 위의 백성들보다 더 나은 전투태세를 갖추지 못할 것이다. 창문도 붐비지 않았다. 모두가 배치라도 된 것처럼 서 있었다.

행차가 끝나고 유대인이 내게 말했다.

"위대한 분을 대접하기 위하여 시에서 제게 맡긴 책임 때문에 아무래도 당신에게 신경쓰기가 어려울 것 같군요."

사흘 후에 그 유대인 상인이 다시 내게 와서 말했다.

"솔로몬 전당의 현자께서 여러분이 여기 있는 것을 아시고 제게 명하셨습니다. 여러분은 그분을 만나실 수 있습니다. 여러분 가운데 한 사람과 따로 보겠다고 제게 지시하셨는데, 여러분은 정말로 복 받은 사람들이군요."

그분과의 만남은 내일모레로 예정되어 있었다.

"현자께서는 여러분을 축복해주려 하십니다. 여러분은 그분을 정오 전에 만날 수 있을 것입니다."

우리는 예정된 날짜와 시간에 맞춰 도착했다. 그리고 나는 동료들의 선택을 받아 비공개회의에 참여했다.

그분은 잘 정돈된 방에 앉아 있었다. 발밑에는 양탄자가 깔려 있었고 방에는 지위를 나타내는 그 어떤 장식도 없었다. 그분은 화려하지만 낮은 왕좌에 앉았고 머리에는 푸른 새틴으로 수놓은 풍성한 예복을 두르고 있었다. 양쪽에 한 명씩 흰옷을 곱게 차려입은 두 명의 하인을 제외하고 그분 혼자였다. 그분은 우리가 전차에서 본 것과 비슷한 옷을 입고 있었다. 가운 대신에 망토가 달린 민소매를 입고 있었고 그때와 똑같이 검은 천으로 만들어진 옷을 몸에 두르고 있었다.

우리는 이전에 배운 대로 처음 들어오면서 낮게 절했다. 우리는 그분의 의자 근처에 가까워지자 몸을 세우곤 장갑을 벗은 손을 앞으로 내밀고 축복하는 자세를 취했다. 그런 다음 우리 모두 허리를 굽히고 몸을 숙여 그분의 어깨걸이 끝에 입을 맞추었다.

인사가 끝나고 나를 제외한 다른 일원들은 모두 밖으로 나갔다. 그러자 그분은 두 신하도 밖으로 내보내곤 내게 옆에 앉으라고 했다. 그분은 스페인어로 다음과 같이 말했다.

새로운 아틀란티스

"부디 하나님의 축복이 있기를! 나의 아들이여. 내가 가진 가장 큰 보석을 그대에게 주겠습니다. 나는 하나님과 인간을 사랑하기 때문에 솔로몬 전당의 진정한 본질을 그대에게 줄 것입니다. 솔로몬 전당에 대하여 다음 순서대로 알려주겠습니다. 첫째로 솔로몬 전당의 설립 목적을, 둘째로 이 설립 목적을 실현하기 위한 절차와 도구를, 셋째로 우리가 맡은 여러 임무와 작업을, 마지막으로 우리가 준수하는 의식과 조례를 소개하겠습니다.

전당의 목적은 모든 것에 대한 지식이며 사물이나 현상에 숨겨진 원인이나 작용을 알아내는 것입니다. 인간 활동의 경계를 확장하며 모든 일을 가능하게 이루어내는 것입니다.

이를 실현하기 위한 절차와 도구는 다음과 같습니다. 그것은 크고 깊은 동굴입니다. 가장 깊은 동굴은 1킬로미터이며, 어떤 것은 큰 언덕과 산 아래를 파서 만들어, 언덕과 동굴의 깊이를 함께 고려한다면 어떤 것은 5킬로미터가 넘습니다. 언덕의 경사도와 동굴의 깊이는 같습니다. 두 경우 모두 태양과 하늘의 빛, 그리고 야외의 공기로부터 동일한 정도로 떨어져 있다는 공통된 특징을 가지고 있습니다. 우리는 이 동굴을 하부세계라고 부르지요. 하부세계는 시신의 혈액을 응고시키고 피부를 굳히고, 차갑게 보존하는 곳이지요. 우리는 천연 광산을 모방해 새로운 인공 금속을 생산하기 위하여 수년간 그곳에 재료를 놓아둡니다.

이상하게 보일 수 있지만 우리는 때때로 어떤 질병을 치료하거나 그곳에서 생활하는 몇 수도승들의 수명을 연장시키기 위하여 그것을 사용하기도 합니다. 그들은 필요한 모든 것을 갖춘 채 편안하게 살아갑니다. 아주 오랫동안 말이지요. 또 우리는 그런 수도승들로부터 많은 것을 배우기도 합니다.

우리는 중국인들이 도자기를 만들듯 땅의 여러 곳에 시신을 묻고는 시멘트를 넣어 매장합니다. 그러나 우리에게는 그들보다 더 다양한 종류가 있으며 일부는 그보다 더 뛰어납니다. 땅을 풍요롭게 만드는 데 필요한 다양한 퇴비와 흙도 있습니다.

그리고 우리에게는 높은 탑이 있습니다. 그중 가장 높은 탑은 높이가 약 800미터 정도이고 일부는 아주 높은 산 위에 세워져 있지요. 언덕의 전망대에서 보면 그 탑은 적어도 5킬로미터로 가장 높아 보인답니다.

우리는 높은 곳과 낮은 곳 사이의 장소를 상부세계라고 부릅니다. 우리는 각기 다른 높이와 상황에 따라 이 탑들을 격리, 냉장, 보존용으로 활용합니다. 또 바람이 불거나 눈, 비, 우박이 내릴 때, 불타는 유성을 관측할 때 이용하기도 합니다. 언덕 위에는 수도승들의 집이 있어서, 우리는 그들을 가끔 방문해 무엇을 관찰해야 하는지를 배웁니다. 우리에게는 바닷물과 민물이 교차하는 큰 호수가 있습니다. 그곳에서 우리는 고기를 잡고 새를 사냥하지요. 그리고 때로는 자연적 유체를 묻는 데 사용하기도 합니다. 우리는 물속에 묻힌 것과 땅속, 지하 공간, 물 위에 묻힌 유기체의 차이를 연구합니다.

우리에게는 웅덩이들이 있는데, 그중 일부는 소금물에서 담수를 걸러내어 내뿜고, 또 다른 몇은 담수를 소금물로 바꿉니다. 이는 가히 예술적이랍니다. 바다 한가운데의 큰 바위들과 해안에는 만이 있으며, 여기서 나오는 바다의 공기와 수증기를 활용하고 있지요.

그리고 거세게 흐르는 시냇물과 폭포도 있답니다. 우리는 이를 여러 가지 방법으로 요긴하게 사용합니다. 바람을 원하는 다양한 방향으로 불게 하거나 강도를 조절할 방법도 우리는 알고 있습니다.

우리에게는 자연 수원과 온천을 모방해서 만든 수많은 인공 우물과 분수가 있습니다. 그 속은 황산이나 황, 강철, 황동, 납, 초석을 비롯한 광물질로 채워져 있습니다. 그리고 많은 것을 결합할 수 있는 작은 우물이 있는데, 어떤 그릇이나 대접보다 더 빠르고 효과적으로 성분을 빠르고 효과적으로 흡수합니다. 그중에는 우리가 '천국의 물'이라고 이름 붙인 물은 건강에 좋으며 생명 연장을 위한 중요한 역할을 하고 있습니다.

우리는 또한 크고 넓은 집이 있습니다. 그곳에서 눈과 우박, 비, 천둥, 번개 등 기상 현상을 모방하고 시연하지요. 파리나 개구리와 같은 다양한 생물체를 공기 중에서 번식하기도 합니다.

'건강의 방'이라고 불리는 방에서는 다양한 질병의 치료와 건강 유지에 적합한 수준으로 공기를 정화합니다.

질병을 치료하고 감염으로부터 몸을 회복하고 고치기 위하여 여러 가지 광물질로 이루어진 온천도 있습니다. 인대나 힘줄 등 다른 중요한 부위, 심지어 몸의 진액과 물질을 강하게 하기 위한 용도의 온천도 존재합니다.

넓은 과수원과 정원에는 다양한 나무와 허브에 적합한 여러 땅과 토양이 있습니다. 포도밭 외에도 다양한 종류의 음료를 만들기 위한 나무와 열매를 심는 용도의 매우 넓은 곳도 있지요. 이를 위하여 우리는 야생 나무와 과일나무를 접목하는 등 다양한 실험을 통하여 많은 결과물을 만들어냈습니다. 우리 과수원과 정원에서는 나무와 꽃이 제철보다 빨리 또는 늦게 올 수 있게 할 수 있으며 열매도 더 빨리 자라고 탐스럽게 만들 수 있답니다. 또한 과육을 본래의 것보다 더 크고 달콤하게 만들거나 다른 맛, 향, 색, 모양을 조절할 수 있지요. 예술처럼 말입니다. 그리고 그 가운데 많은 것들이 약용으로 사용됩니다. 우리는 씨앗을 사용하지 않고 흙을 섞는 방법으로 다양한 식물을 자라나게 하는 방법도 개발했습니다. 평범

한 것들과 다른 여러 신종 식물을 개발하고 나무를 다른 종으로 변화시킬 방법도 알고 있지요.

우리에게는 모든 종류의 짐승과 새를 기르는 공원도 있습니다. 이곳에서 희귀한 동물을 감상할 수 있을 뿐만 아니라 해부나 실험도 합니다. 덕분에 우리는 인간의 신체를 깊이 이해합니다. 우리는 여기서 귀중한 결과를 얻었습니다. 생명이 계속됨에 따라 신체의 여러 부분이 어떻게 작용하고 죽음에 이르는지 이곳에서 알아냈으며, 그 안에서 죽어 있는 듯한 신체 부위를 재생시키는 방법도 알아냈습니다. 이곳에서는 모든 독과 약을 실험하기도 합니다.

마찬가지로 우리는 이 예술적인 기술로 동물을 크거나 작게 만들거나 성장을 막을 수 있습니다. 기존보다 더 많은 새끼를 낳게 할 수 있고 반대로 중성화 수술로 번식하지 않게도 할 수 있습니다. 심지어 동물의 색, 모양, 습성 등을 새롭게 개조할 수 있습니다. 다양한 교미를 실험해 새로운 종을 만들기도 합니다. 그런 새로운 종은 번식할 수 없는 것으로 알려져 있지만 우리가 연구하는 동물들은 그렇지 않습니다.

우리는 과학기술로 새로운 뱀, 벌레, 파리, 물고기 등을 만들었습니다. 이들 가운데 일부는 완벽한 수준으로 발전해서 암수의 구별이 있고 번식까지 합니다.

이런 결과는 즉흥적으로 우연히 이루어진 것이 아닙니다. 그 생물체들이 혼합해 어떤 생명체를 만들어낼지 미리 알고 실험한 결과입니다.

새와 같은 짐승을 대상으로 실험했다고 언급한 바 있지요. 그와 비슷하게 물고기를 시험할 수 있는 특별한 어항이 있으며, 누에와 벌처럼 특별한 곤충과 파리를 교배하고 번식시키는 곳도 있습니다.

우리는 양조장, 제빵소 그리고 주방에서는 여러 가지 특별한 효과를 가진 음료, 빵, 고기를 만들어냅니다. 포도주와 함께 다양한 과일, 곡물, 뿌리 주스, 꿀, 설탕, 만나, 그리고 말린 과일의 혼합물 등을 섞어 만든 다양한 음료도 있습니다. 나무의 진액이나 사탕수수의 과육으로도 음료수를 만듭니다. 이 음료는 오랫동안 보존할 수 있으며, 일부는 40년 이상 지난 것도 있습니다. 우리는 여러 가지 약초, 뿌리, 향신료로도 음료수를 만듭니다. 여기에 흰 살코기가 들어간 것도 있습니다. 나이가 많은 사람들은 고기나 빵보다 이 음료를 즐길 정도입니다. 그리고 무엇보다 우리는 몸속에 즉시 스며들 수 있는 매우 고운 성분으로 이루어진 음료수를 만들기 위하여 노력합니다. 동시에 씁쓸함, 답답함, 튀지 않는, 심지어 손등에 얹으면 손바닥을 통과할 정도로 가볍고 부드러운 맛을 내기 위하여 연구 중입니다.

그 음료가 개발되어 나온다면 그것은 우리에게 영양을 공급하는 동시에 훌륭한 음료가 될 수 있겠지요. 그러면 그 음료수 외에 다른 물은 찾지 않을 테지요.

다양한 곡물, 뿌리, 견과류로 빵을 만들어냅니다. 건조된 고기와 생선으로도 빵을 만들 수 있고, 이때 다양한 발효제와 향신료가 들어가기도 합니다. 어떤 빵은 사람의 식욕을 매우 강렬하게 자극하기도 하며, 또 어떤 빵은 다른 음식 없이도 영양분을 충분히 공급해서 여러 사람이 그것만으로도 오랜 기간 살아갈 수 있습니다. 고기는 매우 잘게 다져 소화가 잘 될 뿐 아니라 위에 아무런 부담도 주지 않습니다. 한 번 먹고

나면 오랫동안 먹지 않아도 살 수 있는 고기와 빵도 있고, 어떤 것은 먹고 난 후 몸을 더 단단하게 해줍니다.

우리에게는 조제실과 의약품도 있습니다. 알다시피 우리는 유럽보다 더 다양한 동식물을 가지고 있답니다. 그렇다면 당연히 그들이 가지고 있는 것보다 약물과 의약품이 훨씬 다양하겠지요.

오랜 발효 과정을 거친 약과 오래 묵은 약도 있습니다. 이런 약을 만들기 위하여 약한 열에서 정교하게 증류하고 다양한 여과기로 걸러낼 뿐만 아니라 자연 그대로의 성분을 조합하는 제조 기구도 갖추고 있습니다.

우리에게는 유럽 사람들에게는 없는 다양한 기계 기술, 종이, 리넨, 비단, 휴지, 윤기가 흐르는 깃털로 만든 물건, 우수한 염료 등 수많은 제품을 생산합니다. 그 어떤 것도 저속한 의도로 만들지 않습니다. 앞에서 열거한 품목들 대부분이 왕국 내에서 사용되고 있습니다. 이들 제품의 제조 원리도 알고 있지요.

우리에게는 매우 다양한 용광로가 있습니다. 여기에서는

격렬하고 빠른 열, 강하고 일정한 열, 부드럽고 온화한 열, 바람이 불 때도 일정한 열, 건조한 동시에 물기를 머금은 열 등 다양한 수준의 열을 만들어냅니다.

무엇보다도 우리에게는 태양과 천체의 열을 모방해서 만든 것이 있습니다. 이 열은 다양한 불균일성을 이겨내고 앞으로 나아가거나 되돌아오기도 하며 우리에게 놀라운 효과를 보여줍니다. 게다가 우리는 배설물이나 생물의 입, 배, 몸, 피에서 나오는 열, 촉촉하게 쌓인 건초와 허브, 식지 않은 석회와 그 비슷한 것들에게서 나오는 열도 활용합니다. 운동의 양으로 열을 발생시키는 기구도 있습니다. 더 나아가 태양에 강하게 노출되는 장소를 활용하는 곳도 있을 뿐만 아니라 기술적인 방법으로 열을 생성시키는 지하 발열소도 있습니다. 우리가 사용하는 다양한 열은 우리가 하고자 하는 작업에 따라 달라집니다.

원근법을 활용해 광학적인 실험과 연구를 하기도 합니다. 이곳에서는 모든 빛과 다양한 색상을 연구합니다. 무색하고 투명한 물체를 여러 색상으로 표현할 수 있고, 이는 보석이나

프리즘처럼 빛나는 무지개와는 다르게 단독으로 빛 자체가 색으로 표현할 수 있지요. 먼 거리까지 빛을 쏘아 서로 빛끼리 결합시킬 수도 있고, 작은 점과 선을 식별할 수 있을 정도로 선명하게 만들 수도 있답니다. 시각적으로 인식 가능한 모든 색조, 도형, 크기, 움직임, 그림자 등 모든 것을 시연할 수 있습니다. 아직 유럽에는 알려지지 않은 다양한 물체도 발견했으며, 이로써 우리는 다양한 장소와 사물에서 빛을 내는 방법을 개발했습니다.

우리는 하늘이나 먼 곳처럼 멀리 있는 사물을 볼 수 있는 도구를 가지고 있으며, 이것으로 가까운 것을 먼 것처럼 먼 것을 가까운 것처럼 거리를 가장해볼 수도 있답니다. 지금 사용되는 안경보다 훨씬 더 시력에 도움이 되는 것도 만들어냈습니다. 파리와 벌레의 모양, 보석의 흠집, 오줌이나 피 속의 세포들도 자세하게 관찰할 수 있지요. 인공 무지개를 만들고 조명, 원을 빛으로 만들어낼 수 있으며, 물체에서 나오는 가시광선을 반사하거나 굴절시킬 수도 있습니다.

우리는 모든 종류의 보석을 가지고 있으며, 그중 많은 것이 아주 아름답습니다. 아직 유럽 사람들에게는 알려지지 않은 것들이 수두룩합니다. 보석과 마찬가지로 다양한 종류의 유리와 그 유리로 만든 금속, 유리를 만드는 것 이외 다른 재료로도 활용합니다. 수많은 화석부터 광물까지도 그 수는 헤아릴 수 없습니다. 흡인력이 강한 천연 자석과 희귀한 천연 혹은 인공의 광물들도 많습니다.

우리에게는 '소리의 집'도 있습니다. 이곳에서는 모든 소리와 그 생성 과정을 연구하고 시연합니다. 유럽 사람들에게는 없는 화음이나 4분의 1음보다 더 짧은 음표도 있지요. 유럽 사람들이 알지 못하는 다양한 악기도 있지요. 그것들은 그 어떤 악기보다 더 감미로운 소리를 냅니다. 종소리처럼 은은한 울림이 함께 하는 그런 소리이지요. 우리는 작은 소리를 크고 깊게 낼 수 있을 뿐만 아니라 큰 소리도 가늘고 예리하게 낼 수 있습니다. 여러 떨림과 울림을 활용해 이를 다양하게 표현하기도 합니다. 우리는 모든 명료한 소리와 언어뿐만 아니라 짐승과 새의 울음소리를 듣고 이를 노래로 표현하고 모방합니다. 심지어 귀에 착용하면 청력을 크게 개선하는

데 도움이 되는 물건도 있습니다. 여러 목소리를 모방하고 반사하는 비현실적인 메아리를 만들어낼 수 있고, 그 어떤 메아리는 '보낸' 소리보다 더 크게 또는 더 높은 음정으로 표현하거나 더 깊은 음정을 만들어낼 수 있습니다. 어떤 것은 목소리, 글자, 소리를 변형하는 메아리도 있지요. 나무줄기나 파이프, 특정한 선으로 소리를 전달하기도 합니다.

'향의 집'도 있지요. 이곳에서는 미각 실험도 함께 합니다. 이곳에서는 다양한 향을 만들어냅니다. 우리는 향을 모방해 실제로 그 향이 나지 않는 다른 사물에 그 향을 입힐 수 있습니다. 그런 방식으로 다양한 맛을 모방해서 사람의 미각을 즐겁게 할 수도 있습니다. 그리고 여기에는 각종 과자, 건조 및 습식 간식, 다양한 와인, 우유, 수프, 여러 종류의 샐러드를 만드는 잼 하우스도 있으며, 종류는 유럽 사람들이 아는 것보다 더 다양합니다.

모든 종류의 동력 장치를 개발하는 '엔진의 집'도 있답니다. 그곳에서는 유럽 사람들의 총이나 엔진보다 더 빠르게 움직이는 방법을 개발하고 연구합니다. 바퀴나 다른 것을 이용해서 더 적은 힘으로 아주 큰 힘을 일으킵니다. 당신네들이 가진 가장 위대한 대포를 능가하는 무시무시한 무기를 만들고 개발합니다. 우리는 또한 군사 무기와 전쟁 도구, 엔진, 화약, 물속에서도 타는 불, 꺼지지 않는 백린부터 불꽃놀이용 기구에 이르기까지 많은 것을 개발합니다.

새가 날아다니는 방식을 모방해 날 수 있는 동시에 바다 속으로 잠수할 수 있는 배뿐만 아니라 수영 보조 기구도 개발했습니다. 또한 호기심을 자극하는 다양한 시계나 회귀 장치, 영구적으로 작동하는 기관도 있습니다. 이는 사람, 짐승, 새, 물고기, 뱀 등 다양한 생물을 보면서 생물의 움직이는 방식을 모방한 것입니다. 그보다 더 섬세하고 미묘한 동작을 수행하는 기계도 많습니다.

천문학과 기하학을 위한 모든 종류의 기구를 정교하게 만드는 '수학의 집'도 있습니다. 아울러 '속임의 집'에서는 우리의 감각을 속이는 온갖 종류의 요술, 허깨비, 환상적인 묘기나 기술의 진실을 알아차립니다. 우리는 경이로운 것들을 가지고 있기 때문에 이런 물건으로 더 위장하고 더 기이한 것을 만든다면 당신네들은 그 묘기에 쉽게 현혹될 것입니다. 그러나 우리는 모든 허세와 거짓말을 싫어합니다. 우리는 사기 행각에 불명예와 벌금을 부과합니다. 우리는 국민들에게 자연적인 것을 크게 꾸미거나 부풀리는 것을 엄격하게 금지합니다. 따라서 그 어떤 기술도 이상한 변형이나 겉치레가 없습니다.

우리 동료들의 연구에 도움을 주기 위하여 신분을 감춘 채 외국에서 활동하는 열두 명이 있습니다. 그들은 세계 각국에서 책, 논문, 실험 자료 등을 모아 우리에게 가져옵니다. 이들을 '빛의 상인'이라고 부릅니다.

책에 적힌 실험을 수집하고 정리하는 세 사람은 '약탈자'라고 불립니다.

또 모든 기계술, 인문, 과학, 예술에 포함되지 않은 관행, 학문적인 실험을 모으고 정리하는 세 명을 '신비인간'이라고 부릅니다.

유용하다고 판단되는 새로운 분야의 실험을 연구하는 세 사람은 '개척자' 또는 '광부'라고 불립니다.

앞서 언급한 연구와 실험을 가져와서 제목과 표로 정리하는 세 사람을 두고 있는데, 그들은 그 속에서 정보를 세밀하게 관찰하며 진리를 찾아냅니다. 이들은 '편찬자' 입니다.

동료들의 실험과 연구 결과로부터 인간의 삶을 향상시키고 지식을 증진시킬 방법을 알아내고, 효용성을 찾아내려 고심하는 이들이 있습니다. 이들은 인과관계를 명료하고 단순하게 설명하며, 자연현상을 예측할 수 있는 수단과 방법을 찾아내고, 육체의 기능과 역할을 알기 쉽고 명확하게 설명합니다. 우리는 그들을 '조력자' 내지 '은인' 이라고 부릅니다.

기존보다 더 자연의 비밀을 밝히고 더 높은 진리에 이르기 위하여 새로운 연구 과제를 찾아내는 이들이 있습니다. 솔로몬 전당의 현자들이 한데 모여 선출한 그들은 '등불' 이라고 불립니다. 아울러 그에 따라 실험을 수행하고 그 결과를 보고하는 이들은 '예방 접종자' 라고 부릅니다.

마지막으로, 실험을 통하여 앞서 알아낸 것을 더 넓고 큰 관찰과 원리로 이끄는 이들을 우리는 '자연의 해석사' 라고 부릅니다.

그리고 당연히 견습생과 수습생도 있답니다. 이는 전임자들의 연구와 성과가 후세대에서 끊어지지 않도록 하기 위해서입니다. 이 외에도 수많은 남성 및 여성 수행원들과 하인들이 있지요.

우리가 만든 발명품과 경험 중 어떤 것을 공개할지 또는 공개하지 않을지 협의하고 적당한 비밀을 감추기 위하여 비밀 서약에 맹세합니다. 비밀들 중 일부는 국가에 공개되기도 하지만 또 일부는 그렇지 않도록 결정하기도 합니다.

우리는 규칙과 의식을 위하여 마련된 길고 아름다운 건물을 두 개 갖추고 있습니다. 그중 한 건물에는 진귀하고 우수한 성과와 발명품의 견본을 진열합니다. 다른 건물에는 주요 발견자와 발명자들의 기념 동상이 놓여 있습니다.

서인도제도를 찾아낸 콜럼버스 동상도 있습니다. 그는 선박의 발명자이기도 하지요. 병기와 화약 발명자, 작곡가, 문자 창시자, 인쇄술 발명자, 천문 관측 과학자, 금속 공예가, 유리 발명자, 비단 발명자, 포도주 발명자, 옥수수와 빵 발명자, 설탕 발명자도 있는데, 이 모두 유럽보다 더 확실한 전통을 거쳐 만들어졌습니다.

우리에게는 자체적으로 훌륭한 작품을 만드는 발명자가 많이 있습니다. 당신은 그런 것들을 본 적 없을 것이기 때문에 이에 대하여 설명하기는 너무 길고 게다가 설명한다 해도 쉽게 이해할 수도 없을지도 모릅니다.

여하튼 우리는 가치 있는 발명품이 나올 때마다 발명자 동상을 세우며 관대하고 명예로운 상을 수여합니다. 이 조각상들은 청동이나 대리석, 시금석, 삼나무, 기타 특수 목재에 금을 입혀 장식합니다. 철, 은, 금으로 만들어진 것도 있습니다. 하나님의 놀라운 행하심에 깊게 찬양하고 감사하는 찬송과 예배를 매일 드립니다. 우리의 수고를 다시 한번 되뇌며 이를 거룩한 목적으로 바꾸기 위하여 하나님께 도움과 축복을 간구하는 기도를 올립니다.

마지막으로, 우리는 왕국의 여러 주요 도시를 순회하고 방문하며 그곳에서 우리가 괜찮다고 생각하는 새로운 수익성 있는 발명품을 세상에 내놓습니다. 또한 질병이나 재앙, 해로운 짐승 떼, 흉년, 폭풍, 지진, 대홍수, 혜성, 연간 기후 및 기타 여러 가지 일에 대한 자연적인 예언을 왕국에 알립니다. 우리는 그에 대한 예방과 치료를 위하여 사람들이 무엇을 해야 하는지 조언해줍니다."

그분은 이렇게 말을 끝내고 나서 일어났고, 나는 배운 대로 무릎을 꿇었다. 그분은 내 머리에 오른손을 올려놓고 이렇게 말했다.

"나의 아들이여, 하나님께서 그대를 축복하기를. 또 내가 그대에게 전한 이 이야기들을 하나님께서 축복하시기를. 그대는 이 이야기를 다른 나라들의 유익을 위하여 알릴지이며, 이를 허하노라. 우리는 여기 하나님의 품에 있으며 알려지지 않은 땅이노니."

그렇게 그분은 나를 떠났고 나와 나의 동료들에게 상당한 양의 금화를 내주었다. 솔로몬 전당의 현자는 어디를 가더라도 가는 곳마다 이처럼 푸짐한 하사품을 내린다고 한다.

인격적으로 점잖은 무게 '드레'

드레북스는 가치를 존중하고 책의 품격을 생각합니다